Der Astronaut von Palenque

Die technische Interpretation der Grabplatte von Palenque

von Pierluigi Peruzzi

BOOKS on DEMAND

Vorwort

Nachdem der Titel meines Buches "Der Irre von Palenque" zu zweideutig klang, habe ich mich entschlossen es komplett zu überarbeiten, eine Zusammenfassung zu machen und ihm einen neuen Titel zu verpassen: **„Der Astronaut von Palenque"**

Aus dem vorhergehenden Buch „Der Irre von Palenque" habe ich folgende Kapitel herausgenommen:

Die Herkunft des Menschen

Die Saturnringe

Die alternative Korrelation des Mayadatums

Aus diesen Kapiteln habe ich zwei eigenständige Bücher verfasst.

Das Relief auf der Grabplatte von Palenque

Persönlich halte ich das dargestellte Objekt für einen atmosphärischen Flugkörper. Also nicht unbedingt ein Raumschiff. Die im Wind flatternden Haare des Piloten, die Sauerstoffzufuhr an der Nase und die nackten Hände und Füsse lassen einen Flugkörper im luftleeren Raum unglaubwürdig erscheinen. Hingegen ist die Technik, die benutzt wurde, diejenige Technik, die wahrscheinlich auch im luftleeren Raum funktioniert.

Pierluigi Peruzzi-Damasco, August 2017

Der Astronaut von Palenque

Kein Früchtebaum, keine religiöse Handlung und schon gar kein UFO, sondern eine fliegende Kiste, hergestellt aus den Resten, die noch übriggeblieben sind.

von Pierluigi Peruzzi

Bibliografische Information der Deutschen Nationalbibliothek:
Die Deutsche Nationalbibliothek verzeichnet diese
Publikation in der Deutschen Nationalbibliografie; detaillierte
bibliografische Daten sind im Internet über http://dnb.dnb.de
abrufbar.

Herstellung und Verlag
BoD - Books on Demands, Norderstedt

ISBN - 978-3-7448-9240-7

Inhalt

1. Der Astronaut von Palenque

Die Analyse eines Bildes aus der mittelamerikanischen Maya-Kultur.

Der Astronaut von Palenque in seiner fliegenden Kiste

Wie viele andere auch, lässt mich die Abbildung auf der Grabplatte von Palenque nicht los. Das Bild selbst kann man keinesfalls interpretieren. Es ist ein Fluggerät, dass sieht wirklich der dümmste Mensch auf Erden. Man muss sich schon anstrengen, um sich in etwas Anderes "hineininterpretieren" zu wollen, wenn man kein Fluggerät sehen will.

Man sieht einen Mann, in Reitstellung, wie auf einem Motorrad, mit Wind in den Haaren. Rundherum Schalter und Hebel aller Art.

Kein Früchtebaum und keine religiöse Handlung, sondern eine fliegende Kiste, hergestellt aus den Resten, die noch übriggeblieben sind.

Damit meine ich die Reste einer Hochkultur auf der Erde. Allenfalls die Reste, die schiffsbrüchige Raumfahrer auf der Erde hinterlassen haben. Vielleicht werden wir später im Sonnensystem noch auf Artefakte stossen, die uns in der Geschichtsschreibung näher an die Wahrheit bringen werden.

Man darf nicht vergessen, dass in den vorhergehenden Jahrhunderten der katholische Klerus alles vernichten durfte - und auch tat - was ihnen nicht in den Kram passte. Glücklicherweise war der Sarkophag von König Pakal unter einem Berg von Steinen so gut versteckt, dass er erst nach dem 2. Weltkrieg gefunden werden konnte. Also eine Zeit, wo die Religionen in Nordamerika und Europa bereits nichts mehr vernichten durften.

Die Zeichnung von Dr. Alberto Ruz Lhuiller,

und die Botschaft des Steinmetzes auf dem Grabdeckel ist eindeutig.

Die hervorragende Zeichnung von **Dr. Alberto Ruz Lhuiller** (mexikanischer Archäologe, 27.01.1906 – 25.08.1979) ist ja die Basis aller Dinge. Er war es ja, der die Wahrheit ans Tageslicht gebracht hat. Kein anderer als er hat mit seiner Zeichnung ein weltweites "Ah" und "Oh" erzeugt. Auch **Erich von Däniken** (schweizerischer Sachbuch- und Bestsellerautor) muss man danken, denn er hat diese Zeichnung in seinem ersten Buch **"Erinnerungen an die Zukunft"** veröffentlicht, und so endlich allen zugänglich gemacht.

Trotz allem hat es Dr. Lhuiller nicht ganz geschafft, ein sehr exaktes Bild der Grabplatte wiederzugeben und ich muss eine kleine Beanstandung vorbringen.

Auf der Grabplatte ist ganz klar ein Nasenschutz zu erkennen. Dr. Lhuiller hat wahrscheinlich angenommen, dass der Steinmetz etwas nicht richtig gemacht hat und so die ganze Nase in seiner Zeichnung dargestellt. Aber auf dem Grabstein ist diese Nase unter der Sauerstoffmaske des Nasenschutzes verborgen.

 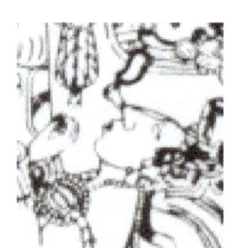 

Betrachtet einfach den Nasenschutz von Jagdpiloten der Luftwaffe, dann erkennt ihr sofort die Einstimmigkeit mit der Grabplatte, und den kleinen, gutgemeinten Fehler von Dr. Lhuiller.

Das soll aber die Arbeit von Dr. Lhuiller nicht schmälern, denn seine Leistungen waren einfach ausgezeichnet. Besonders die Entdeckung des Grabes von Re Pakal ist nur ihm zu verdanken.

Vermutlich handelt es sich beim genannten Steinrelief um das Abbild einer technischen Zeichnung im Querschnitt. Vieles lässt das vermuten. Was dann die Eingeborenen verstanden haben, ist etwas anders. Denn die Maya von damals wussten bestimmt nicht, wie ein Flugkörper auszusehen hat. Also mussten sie zwangsläufig irgendetwas interpretieren.

Heute noch werden technische Zeichnungen auf langlebigem Papier gezeichnet oder gedruckt. Meist handelt es sich um dickeres und flächenmässig grösseres Papier. Fotos verblassen hingegen weitaus schneller.

Auch bedrucktes Normalpapier (falls damals schon solches existiert haben sollte) dürfte sich sehr schnell zersetzt haben. Die technischen Zeichnungen hingegen - schwarz auf weiss - dürften die anderen Bilder um einige Jahrhunderte überdauert haben.

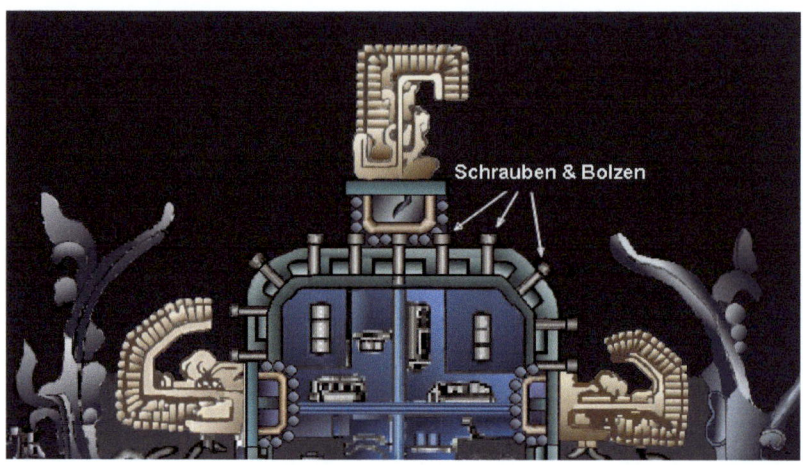

Verbleiben wir doch bei der technischen Zeichnung, kopiert von Eingeborenen die wahrscheinlich keinen blassen Schimmer von Technik hatten.

Aber was kannte man damals, das fliegen konnte?

Es waren Insekten und Vögel. Etwas anderes kannten die alten Maya nicht. So ist es nicht verwunderlich dass auf dem Relief oben ein Vogel eingemeisselt wurde und man auch von „gefiederten" Schlangen sprach.

Exakte Zeichnung der Grabplatte, von Dr. A. Lhuiller

DIE MAYA – PALENQUE

Zeichnung Dr. A. Lhuiller, Kolorierung P.Peruzzi

Oben: Das soll einen Lebensbaum darstellen?

Ganz bewusst habe ich im Bild links den Vogel ausgelassen, der auf der Grabplatte ganz oben eingemeisselt worden ist.

Wahrscheinlich handelt es sich um einen stilisierten Propeller, den wir bei den indischen Vismana oder beim Helikopter von Hezechiel wieder finden.

Der besagte Vogel werde ich später, in einer zukünftigen Auflage wieder einbringen. Dazu bedarf es aber weitläufige Erklärungen, die ich noch mit Beweisen unterstreichen möchte. Das braucht Aber Zeit und Musse.

Die Fusssteuerung dieser primitiven Raumkapsel

Wenn man verstehen will, was uns die Grabplatte von Palenque sagen will, dann muss man das Ganze von der technischen Seite her betrachten. Dank der sauberen Zeichnung von Dr. Lhuiller und meiner farblichen Anpassungen kann man einiges besser erkennen.

Man sieht auf diesem Bild, wie der Pilot mit den nackten Füssen irgendwelche „Pedale" bedient.

Der nackte Wahnsinn also. Dieser irre Pilot steuert ein Flugobjekt wie ein Rennfahrer und scheinbar ohne jegliche, elektronische oder elektrotechnische Hilfsmittel. Dass der dargestellte Flugkörper aber zu dieser Zeit bereits eine einfache Elektronik haben musste, beweisen es die Reliefs und verschiedene Platten, auf denen man klar Kopfhörer mit integrierten Mikrofone erkennen kann.

Die von mir in der Folge genannte „Schubumleitung" hat ja die gleiche Wirkung wie das Seitenleitwerk eines Flugzeuges. Im freien Raum braucht es sehr wenig Kraft, um irgendeinen sich bewegenden Körper in eine andere Richtung zu lenken. Jedoch nicht in der Atmosphäre. Aber der lange Hebelarm, den der Pilot mit den Füssen bewegt, dürfte genügend Kraft auf den Schubumlenker ausübt haben.

Was ich im folgenden Bild mit "lose Halterung" bezeichnet habe, könnten Stoppleisten für die Schubumlenkung sein. Es besteht ja die Möglichkeit, dass der Pilot die Schubumlenkung steuert, indem er den langen Hebelarm mit den Füssen nach links oder rechts drückt.

Schön zu sehen ist die ergonomische Fussabstützung. Sie hat dazu auch noch einen Einstellriemen oder eine Einstell-schraube.

Zeichnung von Dr. Alberto Lhuiller

Farbige Darstellung von Pierluigi Peruzzi

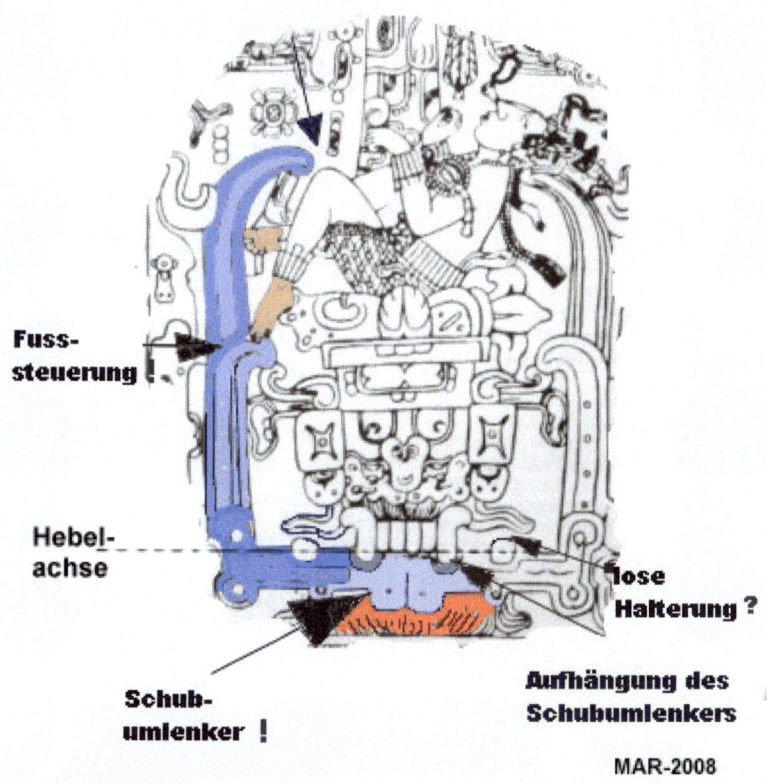

Fuss-steuerung !

Hebel-achse

lose Halterung ?

Schub-umlenker !

Aufhängung des Schubumlenkers

MAR-2008

Einstellschraube oder Einstellriemen

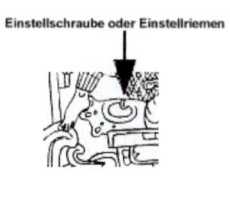

Ergonomische Fussstütze

MAR-2008

15

Bei dem fast 2 Meter langen Hebelarm der Fussteuerung muss man so oder so die Füsse irgendwo abstützen. Ansonsten würde man eventuell mit der Kraft der Beine den langen Hebelarm verbiegen. Die Fußstütze soll wahrscheinlich dem Piloten einerseits eine sensible Steuerung ermöglichen und andererseits Schäden durch die Kraft der Beine verhindern.

Auch die Beschleunigung muss man einbeziehen. Diese würde die Beine des Piloten nach unten drücken, aber so wird eine Abstützung der Beine garantiert.

Die Bekleidung des Raumfahrers

Auf dem Bild erscheint der Raumfahrer halbnackt. In Wirklichkeit - auf der Grabplatte - wird er recht gut vor Kälte mit einem STRETCH-Anzug geschützt. Jedoch sind Hände und Füsse nackt, um sensibler mit der Fußsteuerung umgehen zu können, was meine Theorie der "primitiven Technik" unter-mauert.

16

Insbesondere die Ärmel dieses Anzuges verraten den Stretch-Anzug selbst. Die meisten enganliegenden Kleider haben Ärmel und Fersenschoner, die sich zusammenziehen. Nur so kann die Wärme des Körpers richtig gehalten werden. Auch um die Taille ist ein Zusammenziehen des Anzuges sehr wichtig.

Beim Betrachten der Sitzstellung des Piloten fällt auf, dass überall Hebel, Griffe und Schalter vorhanden sind. Ein normaler Anzug wäre extrem gefährlich, da der Pilot sonst ungewollt irgendeine Schaltung mit dem Stoff des Anzuges betätigen könnte. Der enganliegende Anzug verhindert diese Gefahr zwar nicht, aber minimiert sie sehr stark.

Allgemeine Übersicht und Erklärungen

Das Bild, das Dr. Lhuiller angefertigt hat, ist einfach genial. Darauf sieht man viel besser, was uns der Steinmetz der Grabplatte übermitteln wollte. Da sind mehrere Dinge abgebildet, die uns vorerst nicht wichtig erscheinen.

Auch die Stütze der Fußsteuerung muss man nochmals erwähnen, sonst kann der Pilot nicht sensibel genug steuern, falls er die Füsse nirgends abstützen kann. Dank dem langen Hebelarm (Fußlatte) lässt sich der kurze Schubumlenker (das Seitenleitwerk) exakt und mit einfacher Hebelkraft steuern.

Der einfache Sitz dürfte in diesem Fall zwar eine starke Behinderung darstellen, aber unmöglich ist es nicht.

Nicht zu vergessen, dass unsere chemischen, bemannten "Raketen" Beschleunigungswerte von ca. 60 m/s^2 haben. Dieser kleine Flugkörper dürfte wahrscheinlich mit maximal 12 - 18 m/s^2 beschleunigen. Das würde diese scheinbar irrsinnige Sitzstellung doch noch realistisch erscheinen lassen.

Ich kann mir nicht vorstellen, dass diese "bemannte Rakete" geradeaus in den Himmel sausen konnte. Bildschirme, die auf einen Computer schliessen lassen, sehen wir ja nirgends. Also wird keine computergesteuerte Steuerung vorhanden sein. Der "fußlenkende" Raumfahrer wird wohl oder übel stetig den Kurs korrigieren müssen.

So muss zwangsläufig ein schlängelndes Aufwärtsfahren entstehen. Nicht umsonst wurde die Stadt Palenque von den Maya **"das Haus der himmlischen Schlange"** genannt.

Rechts: Die schlängelnde, himmlische Schlange.
Zeichnung von A. Maudslay.
Kolorierung durch P. Peruzzi.

Bildbeschreibung rechtes Bild

Linke Hand, Haltegriff mit Drehschalter
Nun, wenn man mit den Füssen lenkt und auf einem einfachen Sitz sitzt, dann muss man sich irgendwo festhalten. Vermutlich dient der Drehschalter im Haltegriff der linken Hand für die Schubregulierung.

Rechte Hand
Man sieht sehr gut, wie der Pilot mit der Handfläche einen Schiebeschalter nach vorne schiebt. Früher war auch ich der Meinung, dass er einen Knopf zwischen den Finger dreht. Aber auf der Steinplatte ist diesbezüglich gar nichts zu erkennen.

Fusssteuerung mit beiden, nackten Füßen
Man muss schon von Gott verlassen sein, wenn man so steuert. Aber das ist hier eindeutig und klar zu erkennen. Langer Hebelarm für die Füsse, kurzer Schubumlenker.

Bewegliche Halterung dieses Gestelles
Wenn man die langen Hebelarme anschaut, dann müssen diese irgendwo in der Mitte abgestützt werden. Sonst klappert das ganze Gestell und bricht auseinander. Diese Halterung muss aber auf 2 Ebenen agieren, da der Schub auch auf 2 Ebenen gesteuert werden muss.

Schluss des Kapitels
Wenn man nun das ganze Gestell anschaut, dann hat man das Gefühl, vor einem Bastelobjekt aus der eigenen Hausgarage zu stehen. Ganz bestimmt nichts Hervorragendes. Das einzig Hervorragende ist das Triebwerk. Vielleicht wurde es mit den restlichen, noch vorhandenen technischen Mitteln, irgendwo auf der Erde zusammengebastelt.

Technische Beschreibung von Pierluigi Peruzzi-Damasco
auf der Zeichnung von Dr. ALberto Lhuiller

Haltegriff
mit Drehschalter

äusserst
primitive
Fuss-
steuerung

Sitz-
regu-
lierung
wie
beim
Auto

MAR-2008

auf 2
Ebenen
bewegliche
Halterung
der Fusssteuerung

Hebel-
achse

Schubumlenker

Bodenstützen

1.5 Das Triebwerk der himmlischen Schlange

Das Triebwerk von Palenque

Das Triebwerk auf der Steinplatte des Sarkophags von Palenque stellt meiner Ansicht nach ein chemisch betriebenes Triebwerk dar. Die Darstellung des Steinmetzes ist für mich persönlich sehr eindeutig.

Die Genialität dieses Triebwerkes beruht meiner Meinung nach auf dem Prinzip des möglichst tiefen Brennkammerdruck und Hitze, sowie des parallelen Schubs. Unsere heutigen Triebwerke haben einen Wirkungsgrad von ca. 30 %, aber dieses Triebwerk lässt einen Wirkungsgrad von über 80 % vermuten!

Persönlich bin ich sogar der Ansicht, dass man dieses Triebwerk heute kopieren sollte. D.h. die Hauptkomponenten übernehmen und neu entwickeln. Leider fehlen mir die technischen Einrichtungen und das finanzielle Polster um so was durchzuziehen. Sonst würde ich mich sofort an die Arbeit machen.

Zum Thema Triebwerk folgt nun ein Beispiel, wo ich das Verhältnis zwischen Gewicht des Flugkörpers und Gewicht des Triebwerkes verdeutlichen möchte.

Als Beispiel möchte ich vorerst ein Auto mit einem Motorrad vergleichen:

Ein **Motorrad** mit 125 cm^3 Hubraum, konzipiert für max. 2 Personen, hat 2 leichte Räder, einen leichten Motor, luftgekühlt, einen sehr leichten Sattel und nur die nötigsten elektrischen Einrichtungen. Es hat kein Radio, kein Dach und keine Scheibenwischer. Die Aufhängung, der Tank und das Chassis sind sehr leicht.

Ein **Auto** (PKW) mit 1500 cm^3 Hubraum, konzipiert für max. 5 Personen, hat 4 schwere Räder, braucht als **technisches Mitnamegewicht** einen schwereren Motor, mit schwerer Wasserkühlung, 5 schwere Sitze mit Gurten und hat eine komplizierte elektrische Einrichtung. Es hat ein Radio, ein Dach und Scheibenwischer. Die Aufhängung und das Chassis sind sehr schwer. Auch der Tank und dessen Inhalt muss grösser und schwerer ausgelegt werden.

Das Personenverhältnis dieser 2 Fahrzeuge ist 2:5. D.h., das ist das Verhältnis der Personen, die mitfahren können. Auf dem Motorrad 2 und im Auto 5. Aber das Gewichtsverhältnis (bei Vollbesetzung) ist z. B. 200 kg : 1400 kg. Also 2:7.

In Bezug auf das Motorrad müsste es aber 200 kg zu 1000 kg sein. D.h. wir haben hier 400 kg zusätzliches, technisches Mitnamegewicht. Dach, Scheibenwischer, Elektrik, Wasser-kühlung, 2 zusätzliche Räder, **die nötige Mehraufhängung** usw. usw.

Im Auto sitzen wir jedoch gemütlicher und stabiler. **Das Auto schlängelt nicht** auf der Strasse. **Beim Motorrad kann man das Schlängeln erst ab einer bestimmten Geschwindigkeit aufheben.**

Die Tanks

Beginnen wir nun bei den Tanks. Zuerst analysieren wir zusammen den Unterschied zwischen einem superleichten Tank für flüssigen Brennstoff und einen sehr schweren Tank für Gastreibstoff.

Wie wir auf dem Bild (unten) aus meinem Garten erkennen können, ist ein Gastank sehr solide gebaut und der Flüssigkeitstank ist leichterer Bauweise.

Wenn man dann in der Rechnung mit einbezieht, dass wir 2 Arten von Treibstoff mitnehmen müssen, um sie dann in der Brennkammer zu vermischen, dann verdoppelt sich dieses Gewicht. D.h., dass das technische Mitnamegewicht der Flüssigkeitstanks um ein vielfaches niedriger ist als dasjenige der Gastanks.

Links: Ein Bild aus meinem Garten. Die zwei verschiedenen Tankarten: Flüssigkeitstank und Gastank. Man kann sich gut vorstellen, dass sich das technische Mitnamegewicht dieser 2 Tankarten voneinander sehr unterscheidet.

Gastank
Ist zum Beispiel das Gasgewicht 12 kg, dann ist das Tankleergewicht, wegen seiner starken, schweren Wände, auch ca. 12 kg (je nach Gasart und -Druck natürlich).

Flüssigkeitstank
Bei einem Flüssigkeitstank und bei einem Gewicht von 12 kg Flüssigkeit, brauchen wir nur noch etwa 0.5 kg Tankleergewicht, da der Flüssigkeitstank dünne, leicht biegsame Wände hat. Ob diese aus Metall, Plastik oder ein anderes Material seien, lassen wir einmal offen.

Oben: Ein altes Foto der Grabplatte, wo man noch nichts verfälscht und verwischt hat. Hier sieht man sehr gut die 2 "Benzinkanister" die als Tanks dienen sollen.

Das Triebwerk selbst

Wenn man das obige Foto der Steinplatte mit einem heutigen Triebwerksschema vergleicht, dann merkt man sehr rasch, dass diese zwei Triebwerksarten praktisch nichts Gemeinsames haben. Das einzig Gemeinsame ist die chemische Verbrennung zweier Treibstoffe.

Das Triebwerk von Palenque ist somit ganz klar NICHT ein "von Braunsches Triebwerk". Aus diesem Grund müssen wir uns von der heutigen Raketentechnik komplett distanzieren.

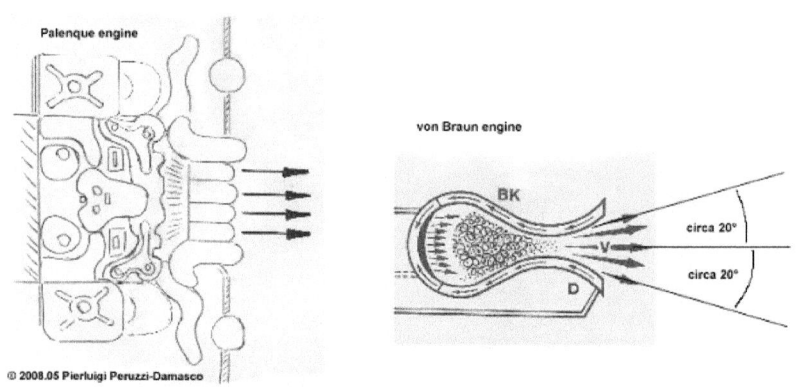

Im Bild oben sieht man sehr gut, dass das "**vonbraunsche**" **Triebwerk** (rechts) sehr viel Schubkraft durch den ungenauen Ausgang der Gase verliert. D.h. sehr viel Schub geht nach links und rechts verloren, statt in der richtigen parallelen Richtung zum Raumschiff.

Das **Palenque-Triebwerk** ist hingegen vollkommen anders konzipiert worden. Wie man auf der obigen Skizze sieht, verlassen die Schubgase des Palenque-Triebwerkes die

26

Schubdüsen parallel. D.h., die vektorielle Schubkraft verläuft - im Gegensatz zu unseren "vonbraunschen" Triebwerken - fast 100%ig in die gleiche Richtung des Raumschiffes oder Flugkörper.

Das bedeutet zwangsläufig, dass wir mit viel, viel weniger Schub auskommen können und das technische Mitnamegewicht der Treibstoffe nochmals gesenkt werden kann. Dies multipliziert sich.

Stellen sie sich vor, sie müssten das Doppelte an Treibstoffe mitnehmen. Dann müssten Sie auch das Doppelte an Schub haben um das Mehrgewicht der Treibstoffe nach oben zu befördern. Was wiederum heissen würde, dass Sie ein schwereres Triebwerk haben müssten. Aber dann müssten Sie noch mehr Treibstoff haben, um das Mehrgewicht des Triebwerkes nach oben zu befördern. Ein Teufelskreis des Mehrgewichtes, das nie enden will.

Die klaren Vorteile des Triebwerkes von Palenque

Dieses Triebwerk wurde bestimmt auch chemisch angetrieben, aber war unter komplett anderen Voraussetzungen konzipiert worden.

- geringer Schub
- langdauernder Schub
- geringer Druck in der Brennkammer
- möglichst wenig Temperatur in der Brennkammer
- sehr leichtes, spartanisch eingerichtetes Raumschiff

Natürlich alles im Verhältnis zu unseren heutigen "vonbraunschen Triebwerken".

Die klaren Nachteile des "vonbraunschen" Triebwerkes

Der starke Druck in der Brennkammer ist ein Hindernis für die Treibstoffzufuhr. Das bedingt sehr starke Turbinenpumpen, die **als technisches Mitnamegewicht** nicht unbedingt interessant sind.

Zudem entwickelt ein mit Gas angetriebenes Triebwerk sehr viel Hitze. Diese muss durch ein schwereres Kühlsystem abgebaut werden. Dieses Kühlaggregat ist ein weiteres, unnötiges, technisches Mitnamegewicht und das wollen wir uns auch ersparen.

Die starke Hitze erzeugt sehr viel Rückstossdruck. Der starke Druck in der Brennkammer bedingt sehr starke und schwere Wände der Brennkammer selbst, die diesem Druck standhalten müssen. Auch dieses Gewicht muss mitgenommen werden.

Die Kraft dann, die ein starkes „vonbraunsche" Triebwerk nach oben übt, muss auch noch richtig abgefedert und abgestützt werden. Das braucht weitere Bauteile, die das technische Mitnahmegewicht erhöhen

All diese unnötigen, schweren Vorrichtungen muss man eben mitnehmen. Jedoch nicht beim Palenque-Triebwerk.

Details zum Triebwerk von Palenque

Vorerst ein Grundschema von mir:

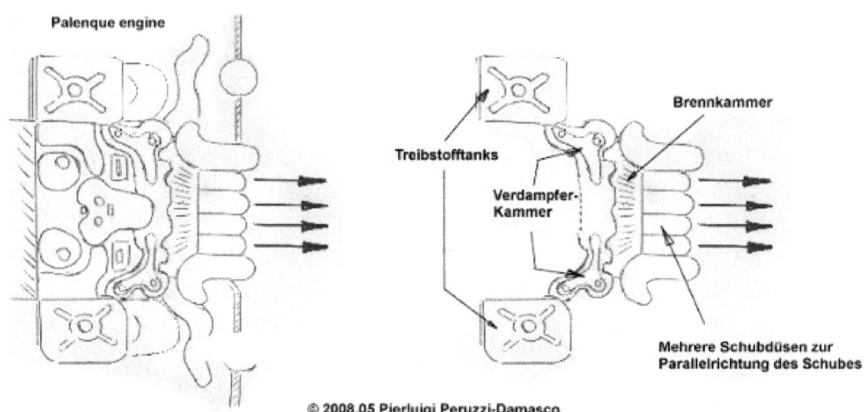

Palenque engine

Treibstofftanks

Verdampfer-Kammer

Brennkammer

Mehrere Schubdüsen zur Parallelrichtung des Schubes

© 2008.05 Pierluigi Peruzzi-Damasco

Die obigen Schemata zeigen das effektive Triebwerk von Palenque, wie es auf der Grabplatte abgebildet und von mir erkannt wird.

Rechtes Bild (Seite 25):

- Der flüssige Treibstoff fliesst vom Tank A, durch die Leitung L1, direkt in die Kolbenpumpe A.
- In der Kolbenpumpe wird die Flüssigkeit unter Druck gesetzt. 60 -120 bar sollten genügen.
- Danach fliesst der Treibstoff (unter Druck) durch die Leitung L2 in die Verdampferräume. Diese befinden sich auf der Hauptplatte der Brennkammer und verdampfen durch die Hitze des Triebwerkes.

Die Verdampfung des Treibstoffes kühlt die Hauptplatte!
Beim Verdampfen sollte ein Dampf-Druck in der Verdampferkammer von mindestens 10 - 12 kg/cm² entstehen. Dies ist zu wenig um "nach Hinten los zu gehen" und genug, um in die Brennkammer zu gelangen. Natürlich kann es auch ein höherer Druck sein.

In der Brennkammer selbst sollte ein dauerhafter Druck von circa 4 - 6 kg/cm² "nach oben" entstehen. Schwer zu bewerkstelligen, da unten alles offen ist. Da durch die parallelen Auslass-Düsenzylinder der Druck nach unten nicht nach allen Seiten entweichen kann, sollte ein genügend starker Druck auf die obere Pfanne möglich sein.

Und nun rechnen wir:
40 cm soll die Öffnung unten am Triebwerk sein und somit ist es nach oben gesehen ein Kreis von 40 cm, der den Druck auf der Platte erzeugt. Das ergibt ca. 1250 cm². Wenn man darauf stetig mit 4 kg/ cm² stösst, dann ergibt dies ein Gesamtdruck von 5000 kg! (Natürlich bei einem unrealistischen Wirkungsgrad von 100%).

Volle Formel: 20cm x 20cm x Pi x 4kg/cm² = ca. 5'000 kg Schub. Aber bereits 3000 kg Schub würden genügen um dieses Flugobjekt weit nach Oben zu befördern!

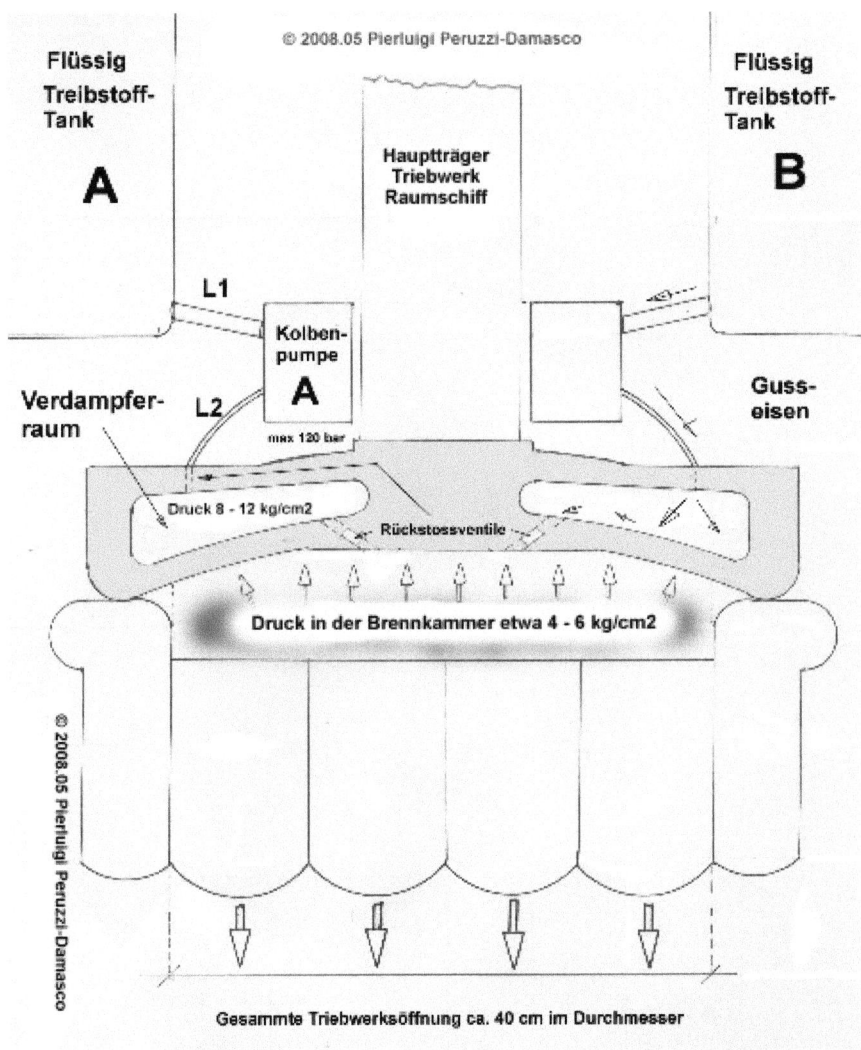

Flüssig
Treibstoff-
Tank

A

Hauptträger
Triebwerk
Raumschiff

Flüssig
Treibstoff-
Tank

B

L1

Kolben-
pumpe

A

max 120 bar

Verdampfer-
raum

L2

Guss-
eisen

Druck 8 - 12 kg/cm2

Rückstossventile

Druck in der Brennkammer etwa 4 - 6 kg/cm2

Gesammte Triebwerksöffnung ca. 40 cm im Durchmesser

Zitat von Ferdinand Graf von Zeppelin

„Für mich steht naturgemäß niemand ein, weil keiner den Sprung ins Dunkel wagen will. Aber mein Ziel ist klar und meine Berechnungen sind richtig".

31

Technische Beschreibung & Kolorierung von Pierluigi Peruzzi
auf der Zeichnung von Dr. Alberto Lhuiller

 In grau sind die Komponenten, die nichts mit der eigentlichen Triebwerksart zu tun haben.

In gelb die eigentlichen Elementen, die mit dem Treibstoff und dessen Verbrennung zu tun haben.

die irrsinnige Fusssteuerung

Hebel-achse

auf 2 Ebenen bewegliche Halterung der Fusssteuerung

Schubumlenker

Schubrichter, um einen parallelen Schub zu erzeugen.

© 2008.03 Pierluigi Peruzzi-Damasco

Statt Raumschiff müsste man es vielleicht Raumgummiboot nennen.

Wenn man nun das ganze Gestell anschaut, dann hat man das Gefühl, vor einem Bastellobjekt aus der eigenen Hausgarage zu stehen. Ganz bestimmt nichts Hervorragendes. Das einzig Hervorragende ist das Triebwerk. Wirklich einmalig. Vielleicht wurde es mit den restlichen noch vorhandenen technischen Mitteln irgendwo auf der Erde zusammengebastelt.

Vielleicht war aber das Triebwerk "noch" vorhanden und man hat auf dieses "aufgebaut". Das heisst, dank dem noch vorhandenen Triebwerk war es möglich geworden, wieder ins All zu kommen.

Das erinnert mich an "Etana", der Hirte der zum Himmel flog, um das Gebärkraut (Kraut = Medizin) für seine Frau zu holen. Etana soll dabei abgestürzt sein. (Siehe Gilgamesh Epos).

Die Spezies "Mensch"

Ich bin immer mehr überzeugt, dass die sogenannten Besucher oder Götter aus unserem eigenen Sonnensystem stammten und infolge des "Erkalten" der Sonne sich "nach vorne" begeben haben.

Demnach aber müsste die Spezies "Mensch" auf einem anderen Planeten oder Mond des Sonnensystem sich entwickelt haben. Wie zum Beispiel in meinem Buch *„Atlantis im Saturnsystem"* ISBN: 978-3-7431-8071-0 .

Eventuell könnte aber die Spezies "Mensch" sich auf der Erde entwickelt haben und nach einer gewaltigen Naturkatastrophe ins Steinzeitalter befördert worden sein. Die Wenigen, die damals überlebt haben, waren vielleicht in der Umlaufbahn beschäftigt. Wer weiss?

Bei der Entstehung dieser Grabplatte dürfte das Flugobjekt schon seit geraumer Zeit nicht mehr existiert haben. Vielleicht schon seit Jahrhunderten. Da Druckfotos sehr schnell verblassen, dürften auch damals Fotos nicht mehr vorhanden gewesen sein. Vielmehr vermute ich, dass da noch technische Zeichnungen auf langlebigem Papier im Umlauf waren.

Leider hat der katholische Klerus damals ziemlich alles verbrannt, was er in die Hände bekommen hat. So wurden die letzten Beweise eliminiert.

2. BOARDING

Bitte einsteigen

Um bei den möglichen Flugobjekten der Antike zu bleiben, machen wir einen kurzen Sprung nach Ägypten. Denn wenn es Flugobjekte gegeben haben soll, dann müssten diese auf der ganzen Welt sichtbar gewesen sein.

Im oberen Teil des nachfolgenden Bildes sieht man die Deckenmalerei des Hathor Tempels in Dendera, Ägypten. Im unteren Teil des Bildes sehen wir das sogenannte "Boarding". Also jener Moment, wo die Passagiere in die Verkehrsmaschine einsteigen müssen.

Mir fallen folgende Gemeinsamkeiten auf:

- Der altbewährte Trolley (Rollkoffer) ist sehr gut zu sehen.
- In der Deckenmalerei (oben, ganz rechts) sehen wir den Mann, der dem Flugzeug zuwinkt. Also derjenige vom Bodenpersonal, der den Piloten die Rollanweisung gibt. Auch ganz unten links, ist der Verkehrsleiter am Boden, der den Piloten zuwinkt, sehr gut zu erkennen.
- Das Auge des Vogelkopfes in der Deckenmalerei kann ohne weiteres die Cockpitscheiben darstellen, denn das ist das Sichtfenster der Piloten.
- Dass man in einem Flugzeug auf dem Rollfeld über eine Treppe steigt, sollte jedermann klar sein. Das dürfte früher nicht anders gewesen sein.

Das Hangartor

Das weitere Bild veranschaulicht sehr gut, dass es sich **nicht** um ein Portal handelt, sondern um ein einfaches Hangartor und der Mann ganz rechts auf der Deckenmalerei winkt dem Piloten zu, nach vorne zu rollen. Die Passagiere müssen warten und stehen bereits auf der Treppe.

Aber natürlich (lach) alles nur Zufälle

Schlusswort zum Kapitel

Ich habe diese Bilder aus Ägypten mit voller Absicht in diesem Buch aufgenommen, das sich grundsätzlich mit den Maya befasst.

Sinn und Zweck dieses Kapitels ist die Präastronautik zu untermauern. Denn wenn es auf Yucatan eine "himmlische Schlange" (im AT Feuerwagen des HERRN genannt) gab, dann müssen zwangsläufig auch in anderen Teilen der Erde Flugkörper gesichtet worden sein.

Was mich hier stört, ist die Grösse dieser Flugobjekte. Aber wenn man die Pisten von Nazca betrachtet, dann kann diese Grösse ohne weiteres existent gewesen sein.

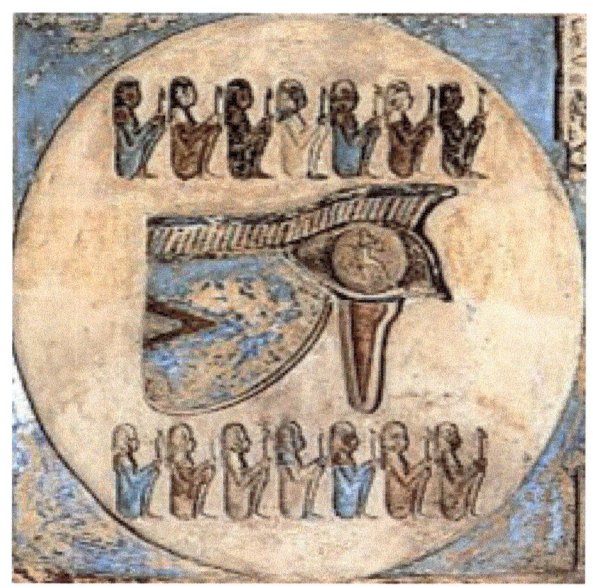

Oben: Hathor Tempel in Dendera, **der Pilot sitzt im Auge**!

Ganz bestimmt werden unsere, mit Steuergeldern bezahlte Geschichtsgelehrten, hier noch irgendwelche Phantasiegötter erkennen, denn Flugobjekte in der Antike widersprechen unsere Religionen.

Es darf nicht sein, was ist. Es muss so sein, wie es sein sollte.

3. Maya-König Pakal vs. römisch-griechischen Gott Apollon

Der Maya-König Pakal

Unten: eine Zeichnung von Alfred Maudslay, ein britischer Forscher, zeigt die Altarplatte des Sonnentempels in Palenque.

Oben: Altarplatte des Sonnentempels. Angepasstes Bild von L. Schele oder Maudslay.

Der griechische Gott Apollon

Und nun machen wir einen gewaltigen, geschichtlichen Sprung zur römischen und griechischen Gottheit Apollo(n).

Oben: 1968 gefundene Platte im Apollon-Tempel in Rom

Gegenüberstellung der historischen "Sagen" über diese 2 Gottheiten

Das Bild des Apollotempels auf dem Paladin stimmt mit dem Bild auf der Altarplatte des Sonnentempels in Palenque im Grossen und Ganzen überein.

Aber es sind weitere Zufälle zu verzeichnen. Man könnte auch verschiedene Interpretationen daraus herleiten. Aber jedem das Seine. Wir leben ja in demokratischen Staaten und somit darf jeder seine eigenen Schlüsse ziehen und seine eigene Meinung äussern.

Nur diejenigen, die auf gar keinen Fall eine höhere technische Zivilisation vor unserer Zeit haben wollen, werden jammernd Aluhüte verteilen.

Apollon	Pakal
Die Gottheit Apollon dürfte etwa 700 - 2'500 v.Chr. gelebt haben.	Gottkönig K'inich Janaab Pakal hat exakt 603 bis 685 n.Chr. gelebt. Somit kann es zwischen diesen 2 Personen keinen Zusammenhang geben.
Die Mutter von Apollon, "Leto" (römisch Latona), eine Geliebte von Zeus, musste auf einer Insel versteckt werden, da Apollon unehelich war und Zeus' Ehefrau Hera stark eifersüchtig gewesen sein soll.	Verblüffend ist die Tatsache, dass man den Vater von Gottkönig K'inich Janaab Pakal nicht wirklich kennt und das seine Mutter "Ix Sak K'uk'" (auch Muwaan Mat genannt) plötzlich Regentin wird. Sie war ja nicht einmal die Tochter eines Königs. Mutter und Sohn befanden sich auf der Halbinsel Yukatan. Insel <-> Halbinsel?

Apollon und Leto stammten wahrscheinlich aus der Umgebung des Nahen Orients oder Mesopotamien.	K'inich Janaab Pakal und seine Mutter hatten verblüffenderweise eine griechische Nase. Ein wahrer Zufall bei den Maya.
Die Kinder von Apollon wurden als Halbgötter bezeichnet und verehrt.	Die Kinder von K'inich Janaab Pakal wurden als Halbgötter bezeichnet und verehrt.
Apollon soll im Jünglingsalter oder gar Kinderalter die Schlangengöttin Python getötet haben.	Die Maya nannten die Stadt Palenque Na-Can-Caán, oder "Haus der himmlischen Schlangen". Wieder ein Zufall.

Oben, Apollon in der Mitte mit Lorbeerkranz .

Unten, Pakal in der Mitte mit Zepter.

Schlussfolgerungen

Die griechische Gottheit Apollon dürfte irgendwann zwischen 700 - 2'500 v.Chr. gelebt haben. Natürlich falls Apollon überhaupt als "sagenhafter Mensch" je existiert ist. Ganz anders aber der Gottkönig K'inich Janaab Pakal. Dieser hat exakt 603 bis 685 n.Chr. gelebt.

Es ist aber auch möglich, dass man auf der Grabplatte selbst nicht den König abgebildet hat, sondern eine frühere Gottheit. Genauso wie auf den christlichen, katholischen Gräbern, auf denen man Engel und Jesus Christus abbildet.

Der einzige Zusammenhang liegt in der starken Ähnlichkeit der Bilder.

Eine ganz schwache Möglichkeit besteht darin, dass die Maya einen kleinen Teil der griechischen Mythologie übernommen haben. Aber wie konnte das überhaupt geschehen? Amerika war ja noch nicht (wieder) entdeckt worden.

Leider haben wir Christen in den ersten Jahrhunderten alle Apollon-Tempeln zerstört und in Südamerika alle Maya-Bücher verbrannt. Nur kaputte Steine haben wir übriggelassen.

Aber auch Steine können reden, wenn man sie wieder zusammensetzt.

4. Drei verschiedene Götter stiegen ins Totenreich hinab

Zufälle?

Ein Gott der Maya-Kultur, eine Hauptgöttin der Sumerer und Jesus Christus stiegen für 3 Tage ins Totenreich hinab. Sind das Zufälle?

Was ich wirklich damit sagen will, möchte ich in der Folge genauer erklären. Natürlich folgen dann daraus subjektive Betrachtungsweisen. Aber sind die bekannten religiösen Aussagen und Interpretationen objektiver?

Dass eine sumerische Gottheit und Jesus Christus ins Totenreich hinabstiegen, verwundert niemand, denn diese beiden Religionen sind verwandt. Aber dass eine Maya-Gottheit aus dem Totenreich die Welt errettet hätte, lässt einige Fragen offen.

Wichtige Bemerkung: Der Autor dieser Seite verzichtet auf Zitierungen, da die heutigen Zitierungen meist redundant sind. In anderen Worten: Falls man die heutigen Zitierungen weiter verfolgt, so dreht man sich im Kreis. Meist kommt nichts Relevantes hervor. Zudem verändern sich zurzeit die Geschichtsbücher im horrenden Tempo. Dank dem heutigen Internet und den Suchmaschinen könnt ihr sehr leicht selbst nachrecherchieren und kontrollieren.

Die 3 Gottheiten kurz zusammengefasst

INANNA, Vorsteherin der Annuna-Gottheiten der Sumerer, ist ins Reich der Toten abgestiegen und nach 3 Tagen wieder auferstanden.

JESUS CHRISTUS, Sohn Gottes, stieg in menschlicher Gestalt auf die Erde herab und starb, um sie zu erlösen. Nach seinem Tod ist er ins Reich der Toten abgestiegen und am 3. Tage wieder auferstanden.

HUN AHAU, Gott des Todes der Maya-Kultur, stieg in menschlicher Gestalt auf die Erde herab und starb, um sie zu erlösen.

Inanna

Inanna, Kind von Ningal und Nanna, steigt ab ins Reich der Toten, um nach 3 Tagen wieder aufzuerstehen. Sie war Chefin der Anunna-Gottheiten.

Inanna war die Göttin des Himmels und der Erde, wollte aber auch die Unterwelt beherrschen. Sie legte ihren Schmuck und die königlichen Gewänder an. Bevor sie ging, schärfte sie ihrer Dienerin Ninšubura ein: "…wenn sie nach drei Tagen nicht zurückkehre, in der Versammlungshalle der Götter eine Klage für sie anzustimmen. Dann solle sie nach Nippur gehen und Enlil um Hilfe bitten, damit Inanna nicht in der Unterwelt auf ewig verbleibe. Sollte Enlil dies ablehnen, solle sie Nanna um Hilfe bitten. Wenn dies ebenfalls nichts bringt, solle sie Enki um Hilfe bitten, der das Lebenswasser kenne und ihr gewiss zur Hilfe kommen werde".

Drei Tage und drei Nächte wartete Ninšubura vergebens auf die Rückkehr Inannas. Daher ging sie nacheinander zu den Göttern Enlil, Nanna und Enki und bat um Hilfe. Nur Enki aber erhörte sie.

Jesus Christus

Auch Jesus stieg hinab ins Reich der Toten, um am 3. Tag wieder aufzuerstehen.

Hun Ahau

Dr. Alberto Ruz Lhuillier benannte ihn: "Cizín" (Kizin); Bischof Diego de Landa benannte ihn "Uac Mitum Ahau"; Eric Thompson "Chac Mitum Ahau". Oft findet man auch die Bezeichnungen "Hun Ahau", "Yum Cimil" (Yum-Kimil) (Herr des Todes) oder auch Ah Puch.

Der Maya-Gott HUN AHAU oder auch "Uac Mitum Ahau" war der Herrscher über Mitnal, das Reich der Toten **und nicht wie oft verwechselt über Xibalba**, das in etwa unserem Fegefeuer entspricht. Hunahau ist der finstere Gott des Todes und die Personifikation der Finsternis. Er opferte sich, indem er starb und ins Reich der Toten (Mitnal) hinabstieg, um danach wieder aufzuerstehen. Die Gläubigen brachten ihm Opfer, um ihr Leben zu verlängern.

Ah Puch oder Hun Ahau soll das Gegenteil von Itzamná sein. Gott Itzamná war der Gründer der Maya-Kultur. Er wird auch "Gott D" genannt und trägt den Titel "Herr des Wissens". Er brachte seinem Volk Mais und Kakao und lehrte ihnen das Schreiben, die Heilkunde und den Gebrauch des Kalenders.

Der Name "Itzamná" hat eine starke Ähnlichkeit mit dem Namen Inanna (sumerische Göttin), die ins Totenreich hinabstieg um sich mit dem Gott des Todes auseinandersetzte. Zufall?

Fazit

Dass das Alte Testament der Bibel nichts anderes als eine verbesserte, monotheistische Version der sumerischen Religion darstellt, ist bereits bekannt. Etwas anderes behaupten zu wollen, kann man heute als religiöses Wunschdenken betrachten.

2 der obigen Götter sind ins Reich der Toten hinab gestiegen, um die Welt zu erlösen. Eine Göttin hingegen um das Reich der Toten unter ihre Kontrolle zu bringen. Was an sich dieselbe Wirkung gehabt hätte.

Da bleibt einfach die subjektive Frage im Raum: Was hat eine Maya-Gottheit mit der sumerisch-christlichen Religion zu tun? Ein Zufall?

5. Das verlorene Eisen der amerikanischen Kulturen

Der Zerfall einer uralten Kultur und der Verlust des Eisens

Eine differenziertere Betrachtung der mittel- und südamerikanischen Kulturen.

Oben: Bild von Palenque in Mexiko von Frederik Catherwood, ca. 1840

In dieser Theorie will ich nicht eine uralte, prähistorische und hochtechnisierte Kultur in Abrede stellen. Ob dann diese Kultur Atlantis, Lemuria, Mu oder wie auch immer geheissen haben soll, ist nicht Bestandteil meiner vorliegenden Theorie. Es könnten auch Astronautengötter gewesen sein, oder auch nicht. Aber hier möchte ich den Ursprung (oder Quelle) einer alten Kultur und ihren Zerfall analysieren. Meine alternative Analyse lässt bewusst die Namen der historischen Personen ausser Acht. Denn jeder dieser Personen war nur ein kleines Rädchen seiner Geschichte, die den Zerfall nicht verhindern konnte.

Oben: Bild von Palenque in Mexiko von Frederik Catherwood, ca. 1840

Vorerst eine krasse Zerfallsannahme als Beispiel

Nehmen wir einmal an, dass eine Naturkatastrophe, eine Sintflut oder ein Atomkrieg ca. 90% der Weltbevölkerung auslöschen würde.

Was wären die kulturellen und sozialen Folgen?

Ganz bestimmt würden Industrie und Wirtschaft nicht mehr vorhanden sein. Neue Flugzeuge, Autos und Computer könnten nicht mehr hergestellt werden. Die restlichen 10% der überlebenden Menschen würden das, was noch vorhanden ist "aufbrauchen". D.h. die noch funktionierenden technischen Geräte wären nach höchsten 50 - 100 Jahren aufgebraucht. Anders hingegen die herumliegenden Metalle, Stoffe, Bilder, Zeitschriften, Möbel und sonstiges Gerümpel. Dieses würden vielleicht noch 200 - 500 Jahre lang "bestehen". Dann aber würden es Rost, Insekten, Bakterien und Würmer definitiv zerfressen und eliminiert haben. Was übrigbleibt sind Steine. Diese bleiben eine Ewigkeit als Zeugen geschichtlicher Ereignisse bestehen.

Zudem würde das noch vorhandene Metall, Werkzeuge, Fahrzeuge, metallenen Baumaschinen usw. eingegossen werden. Spaten, Schaufeln, Pickel, Messer und Schwerter würden daraus hergestellt werden. Diese wiederum wären dem Rost ausgesetzt, so dass nach einem Jahrtausend gar nichts übrigbleiben würde.

Um zu den ehemaligen Bildern zurück zu kommen, die damals bestimmt existiert haben, muss man noch erwähnen, dass zuerst die Fotos, danach die gedruckten Bilder und Zeitschriften verblassen würden. Dann erst beginnt die "Auflösung" der gut gelagerten Zeichnungen auf Papier. Diese dürften einige Jahrhunderte länger existiert haben.

Ein Beispiel des schrittweisen Zerfalls einer Hochkultur: Machu Picchu (auch Matchu Pitchu genannt)

In Machu Picchu, das zwar nicht Bestandteil der Mayakultur ist, kann man sehr gut die 3 Geschichtsperioden des Zerfalls sehen. Während die Basis der Gebäude mit grossen, exakten Steinen aufgebaut wurde, ist in den obersten Lagen mehr oder weniger Bastelarbeit auszumachen.

Oben: Free Fotos von Machu Picchu von www.OceansArt.us

Oben: Free Fotos von Machu Picchu von www.OceansArt.us

Auch auf dem obigen Foto sehen wir ganz klar mindestens zwei kulturell grundverschiedene Zeiten. Unten sind die exakt geschnittenen Steine vorhanden, die fast jedem Erdbeben standhalten. Oberhalb dieser Schicht finden wir dann eine gute, aber doch mittelalterliche Bauweise.

Wie weit aber der Zerfall wirklich war, veranschaulichen die nächsten beiden Bilder aus Sacred Valley (Peru). Diese Bauwerke aus hartem Stein können ausschliesslich unter Benutzung von Metallwerkzeugen entstanden sein. Da jedoch, als Beispiel, die geographisch verwandte Kultur der Maya im Mittelalter kein Rad und kein Metall hatte, kann man hier nur von einer technischen Degenerierung sprechen.

Oben: Free Fotos von Machu Picchu von www.OceansArt.us

Oben: Free Fotos von Machu Picchu von www.OceansArt.us

Was aber bereits in der Fachwelt der Präastronautik seit Jahren durchdiskutiert wird ist die Frage: Wie konnte man so schwere Steine so exakt anpassen?

Mit Metallwerkzeugen auf jeden Fall, aber ohne Maschinen? Kaum möglich.

Die Grabplatte von Palenque

Als weiteres Beispiel sei der Sarkophag von Palenque genannt. Die Grabplatte aus hartem Stein wurde ganz bestimmt mit metallenen Meisseln gefertigt. Aber auch diese befand sich zuunterst am Bauwerk. Also in jenem Teil der Pyramide, das zuerst erbaut worden ist.

Das Auftauchen der Spanier

Als dann die Spanier auftauchten, verliessen die Maya zu Tausenden Ihre Städte und stellten sich freiwillig in den Dienst der Spanier und wechselten sofort ihre Religion. Dabei waren die Spanier in Mexiko eindeutig in der Minderzahl, aber die Maya leisteten nur vereinzelt Widerstand. Palenque ist einer der besten Beispiele dafür. Die Spanier machten sich nicht einmal die Mühe, die leere, verwachsene Stadt zu suchen und zu zerstören.

Was hatten die Spanier besser als die Maya?

Sie hatten eine menschlichere Religion, das Metall, die Räder und ein brauchbares Alphabet. Überdies hatten die Spanier ein gerechteres Rechtssystem als die Maya, wenn wir die Inquisition ausser Acht lassen.

Fazit

Nachdem den Maya und Inkas das Metall ausgegangen war, kam Ihre Kultur zum Stillstand. Ja, es gab sogar 2 Schritte der technischen Degenerierung. Das sieht man in der geographisch verwandten Stadt Machu Picchu besonders gut.

In anderen Worten frage ich Euch: Woher kamen in den Anfängen dieser mittel- und südamerikanischen Kulturen die Metallwerkzeuge für die Steinverarbeitung her?

Eine Antwort ist bestimmt falsch: "Die Maya kannten das Eisen nicht."

Die richtige Antwort müsste heissen: "Die Maya kannten das Eisen nicht mehr."

Aber das Wörtchen "mehr" bedeutet, eine noch höher entwickelte Kultur vor den Maya zu akzeptieren.

Selbst die Antwort: "Man weiss es heute noch nicht." ist eine faustdicke Notlüge, denn die geformte Steine "reden" Klartext.

6. Die verbotene Präastronautik

Warum darf die Präastronautik nicht existieren?

Laute Gedanken

Im Falle eines klaren Beweises aus dem Bereich der Präastronautik würde der Zerfall der abrahamistischen Religionen noch schneller vorangehen. Milliarden von Menschen würden ihren Glauben und einen Grossteil ihrer Traditionen verlieren. Das wäre verheerend. Selbst die buddistisch-hinduistischen Religionen würden einen Teil ihres Gedankengutes verlieren.

Denkt an die Millionen Geschichtsdozenten, die einen Grossteil ihres Wissens in den Müll werfen müssten! Alle politischen Parteien, die sich auf Religionen stützen (z.B. Christdemokraten), würden lächerlich werden.

Zudem spielen wirtschaftliche und politische Motive auch eine grössere Rolle. Die ganze Weltwirtschaft und Politik beruht zum Teil auf den Weltreligionen.

In anderen Worten: Falls man offiziell zugeben würde, dass die Präastronautik recht hat, könnte es zu einer instabilen Weltlage kommen. Ein Weltkrieg ist nicht ausgeschlossen, wenn die Menschen nichts mehr haben, an was sie glauben können.

Ich bin sogar überzeugt, dass genau diese Kriege in der arabischen Welt auch Kriege sind, die durch die bessere Bildung der Menschen entstehen. D.h. die alten Menschen haben Probleme mit den neuen Erkenntnisse fertig zu werden und stemmen sich gegen das Neue.

Aber kann nun die offizielle Anerkennung der Präastronautik auch zum sozialen Supergau führen?

Meiner Meinung nach ja. Falls die Erkenntnis der existierenden Präastronautik plötzlich wie ein Erdrutsch über die Menschheit kommt, könnte doch genau das eintreten. Das wäre dann der soziale Supergau mit all seinen unsozialen Folgen. Folglich müsste man Schritt um Schritt die Menschheit auf das Anerkennen einer sehr antiken Hochzivilisation in der Vorzeit vorbereiten.

Das wird aber heute nicht nur unterlassen, sondern es werden sukzessive "Durchhalteparolen" durchgegeben, wie zum Beispiel "Gott liebt Dich". Wenn man aber von dem todbringenden und rachsüchtigen Gott des Alten Testament liest, der ganze Städte samt Frauen und Kindern niedermetzelt, dann kann der heutige, gut gebildete Leser seine Zweifel haben.

Wir dürfen nicht vergessen, dass die Weltreligionen - wie zum Beispiel die katholische Kirche - von betagten Menschen geführt werden. Ab einem gewissen Alter ist nicht mehr viel Platz für Toleranz und Neues vorhanden. Der religiöse Fanatismus älter werdender Menschen siegt über die Vernunft. Diese älteren Personen werden hartnäckig das verteidigen, was sie immer geglaubt haben.

In diesem Zusammenhang möchte ich meinen vollen Respekt Papst Benedikts XVI zollen. Er hat wie kein anderer die Konsequenzen aus dem "älter" werden gezogen, sich zurückgezogen und so ein grosses Zeichen für die Zukunft gesetzt. Kein Anderer seiner Vorgänger hatte den Mut dazu oder konnte sich nicht überwinden, die Macht aus den Händen zu geben.

Gerade die Weltreligionen könnten sich mit einem geplanten Übergang zur Anerkennung ausserirdischer Besucher in der

Vorzeit zum Teil retten. Und somit auch unsere sozialen Grundlagen festigen.

Aber was könnte nun durch diese Jahrtausend alten Lügen entstehen?

Wenn man mit allen Mitteln versucht, ein instruiertes Volk weiterhin hartnäckig anzulügen, dann geschieht exakt das, was sich heute als kleines Phänomen entwickelt: Die Gläubigen wechseln zur buddhistischen Religion. Dieser Übergang könnte aber plötzlich lawinenartig durchstarten. Insbesondere durch die Erstarkung Chinas und Indochinas. Schlussendlich laufen wir Gefahr, dass Englisch durch Chinesisch ersetzt wird.

Man darf dabei nicht vergessen, dass jeder fünfte Mensch auf der Erde ein Chinese ist. Und zudem ist China eine Weltmacht mit durchstartendem Potenzial. Aber wenige Menschen in der westlichen Welt denken immer noch, dass sie 7 Milliarden Menschen total unter Kontrolle halten können. Diese Meinung zeugt von ausserordentlicher Inkompetenz der heutigen Machtsysteme. Ich frage mich, wann das Kartenhaus der heutigen Machtstrukturen zusammenbrechen wird.

Es ist also höchste Zeit, die fortgeschrittene Bildung und das technische Wissen des heutigen Volkes in den Überlegungen der Religionen und sonstigen Machtstrukturen einzubeziehen, dieser unglaubwürdigen Lüge ein Ende zu setzen und das Volk langsam mit einer glaubwürdigeren Ausgabe der Religion "gläubig" zu halten, und zwar so, dass das Volk den nötigen seelischen Halt findet. Und hier sind Institutionen wie der Vatikan sehr gefragt. Gerade diese Institutionen könnten die Menschheit langsam auf einen glaubhaften Glauben vorbereiten. Aber dazu müsste gerade der Vatikan und noch 2 andere Weltreligionen die Segeln setzen und eine volle Wende vollziehen! Aber da bleibt die Frage offen, ob sie in der Lage sind, die nötige Flexibilität zu entwickeln. Sie behaupten, 200

Jahre Voraus zu denken, aber tatsächlich denken sie 200 Jahre zurück.

Nehmen wir den Vatikan als Basis: Der Glaube an einen einzigen, universellen Schöpfer in der Art und Weise wie es uns die katholische Kirche lehrt, ist nicht mehr glaubwürdig. Denn das Alte Testament ist voller Hinweise auf ausserirdische Besucher. Aber gerade die katholische Kirche könnte die Menschheit zu einem glaubwürdigeren Glauben auf der Basis von Jesus Christus verhelfen. Aber um das zu vollziehen, braucht es eben sehr viel Flexibilität seitens der Kirche. Hat die Kirche diese Flexibilität?

Kommentar zum Bild rechts

Auch hier tut sich die christliche Kirche schwer dieses Bild zu interpretieren.

Es gibt hier gar nichts zu interpretieren. Der Bibeltext (unten) des Propheten Jesaias (auch Isaias genannt) ist klar und deutlich und beschreibt wie man diese Piste erstellen muss.

Der Kirche sei wieder geraten die Flucht nach Vorne zu unternehmen. Die heutigen Christen sind zu gut gebildet und können solche Texte und Bilder ausgezeichnet miteinander kombinieren.

Jesaias Textbibel 1899

40:3 Horch, man ruft: Bahnet in der Wüste den Weg Jahwes, ebnet in der Steppe eine Straße für unseren Gott!
40:4 Jedes Thal soll erhöht und jeder Berg und Hügel soll niedrig werden, und das Höckerige soll zur Ebene werden und das Hügelgelände zur Talsohle,
40:5 damit sich die Herrlichkeit Jahwes offenbare und alles Fleisch zumal sie schaue: denn der Mund Jahwes hat es geredet!

Oben: Die Pisten von Nazca (nicht die Scharrbilder!)

Die offizielle Schulgeschichte

In der offizielle Weltgeschichte werden Massenmörder - wie Könige und Kaiser - hochgelobt und die massenmordenden Kleriker, wie zum Beispiel Bischof Diego de Landa oder der Heilige Kyrill von Alexandria, schonend zur Seite gelegt. Die offizielle Weltgeschichte kann man auch als zitatenfreundliche Entartung der Schulwissen-schaften betrachten. Denn die offizielle Weltgeschichte zitiert meistens redundante Quellen, die sich wiederum so gegenseitig abstützen. Wenn man einem Zitat der offiziellen Weltgeschichte gründlich nachfolgt, so merkt man, dass man sich im Kreise dreht - d. h., irgendwann zeigt das letzte Zitat wieder auf das Erste.

Bei Entdeckung von relevanten Artefakten, die nicht ins Bild der offiziellen Schulgeschichte passen, fallen immer wieder die gleichen Erklärungen.

Hierzu einige Beispiele davon:

- Lebensbaum,
- die Fahrt in die Unterwelt,
- Götteranbetung,
- Gott der Ernte,
- Göttin der Fruchtbarkeit,
- Gott der Unterwelt,
- Hauptgott,
- die Götter,
- die Rache des Gottes ....,
- Heidnische Kultur,
- ... zeigt den Gott des ....,
- böser Gott,
- guter Gott,
- Rituale,
- etc. etc.,

In der alternativen Geschichte werden derartige Gedankenspiele, die allerdings Bezug auf die historischen Quellen nehmen, als religiöse und logenfreundliche Geschichten bezeichnet.

Meistens sind es negative, götzenbezogene Äusserungen der gutbezahlten Schularchäologen, die uns lehren sollen, dass wir heute die beste Kultur, die beste Religion und die beste Schulbildung haben.

Die Bücher der sogenannten offiziellen Geschichte spielen in einer virtuellen Welt, in der der Lauf der Weltgeschichte auf religiösen Tatsachen beruhen soll. Genau wie Science-Fiction operiert die offizielle Weltgeschichte auf der Basis des "Wunschdenkens" und "Glaubens", wie auch auf dem "Vertrauen" in die Lehren der offiziellen Schulen. Mit der offiziellen Weltgeschichte versucht man vergeblich, ein heute instruiertes Volk "gläubig" zu halten. Dies ist ein Ansinnen, dass unter der heutigen Kenntnissen der Technik gar nicht mehr möglich ist.

Persönlich bin ich fest davon überzeugt, dass wir in den nächsten Jahrzehnten den Zusammenbruch der heutigen Schulgeschichte erleben werden. Mit der Erkundung des Sonnensystems werden noch einige Beweise auftauchen. Insbesondere die Chinesen und die Inder werden nicht schweigen und dann riskieren alle Religionsgelehrten und Geschichtsprofessoren, ins Lächerliche gezogen zu werden. Diese wissen es und klammern sich dennoch an "die Macht der Kirche", die mit allen Mitteln versucht, die Wahrheit zu vertuschen. Aber sämtliche Durchhalteparolen nützen nichts angesichts der mannigfaltigen steinernen Beweise.

Die alternative Geschichte

Die alternative Geschichte ist diejenige Geschichte, in der "die Götter" Flugobjekte beherrscht haben sollten.

Die jeder Logik entbehrenden Widerlegungen der Gegner der Präastronautik

Die heutigen Geschichtswissenschaftler, die klar das wiedergeben, was die Religionen und Politiker wünschen, benutzen sehr oft den Begriff "Pseudowissenschaft", um uns, Anhänger der Präastronautik, zu beleidigen. Aber unter uns gibt es bereits Millionen von Anhängern, die sich nicht mehr beirren lassen. Die heutigen Geschichtsgelehrten finden immer wieder phantasievolle Erklärungen für das, was nicht sein darf. Aber Zacharia Sitchin, Erich von Däniken und viele Andere haben in den letzten Jahren sehr viele Dinge veröffentlicht, die klar den heutigen Religionen und Geschichtsgelehrten widersprechen.

Ich kann den heutigen Geschichtsgelehrten nur eins empfehlen: Hört doch bitte auf, Euch hinter den alten Zöpfen zu verstecken und beginnt mit der "Flucht nach Vorne". Denn eins ist schon jetzt gewiss: Ihr werdet irgendwann unter dem Beharren auf den alleinigen Besitz des Wissens der Wahrheit zu leiden haben und später lächerlich gemacht werden. Eine ehrenvolle Zukunft gibt es für Euch nicht. Kann es gar nicht geben.

Fragen an den heutigen Historiker

A.
Warum haben die alten Römer keine Kanonen gebaut? Metall, Schwefel, Kohle und Salpeter waren ihnen bekannt. Auch das Giessen von Metall kannten sie bereits. Zudem waren sie sehr kriegerisch veranlagt. Also warum bauten sie keine Kanonen?

Die einzig richtige Antwort kann nur eine sein:

Das Wissen, um Kanonen zu bauen, fehlte den alten Römern, auch wenn das Material vorhanden war.

B.
Warum hat Leonardo da Vinci nicht einen Deltasegler gebaut und darauf einen grossen Treibsatz eines Feuerwerkskörpers gefestigt? Er hätte damit sogar starten können. Das Material war vorhanden, die Idee eines Seglers hatte er bereits entwickelt und was ein Treibsatz eines Feuerwerkskörpers ist, das wussten die Italiener bereits ein paar Jahrhunderte vorher.

Aber Leonardo da Vinci hatte einfach das heutige Wissen nicht. So konnte er mit dem damaligen Material nichts anfangen. Möglich aber wäre es gewesen. Zudem verwenden heute die Weltraumagenturen Feststoffraketen. Sie sind noch immer die effektivsten Schubmittel. Diese Feststoffraketen sind den Treibsätzen antiker Feuerwerkskörpern sehr ähnlich.

C.
Die alten griechischen Gelehrten kannten Eisen, Kupfer, Messing, Ton und Holz. Auch die magnetischen Felsen waren ihnen bestimmt bekannt. Warum haben sie keinen elektrischen Motor oder Dynamo gebaut? Das Material hatten sie ja.

Fazit

Ich könnte hier noch Tausenden von Fragen stellen. Aber das Resultat wäre immer dasselbe: In der Antike hatten die Gelehrten zwar das Material, aber nicht unser heutiges Wissen und somit sind sämtliche Tests, die man Dank des heutigen Wissen nachvollziehen kann, einfach als grober Unfug zu betrachten. Im Gegenteil, wir Freunde der Präastronautik dürfen sogar sagen, dass das Wissen bei wenigen "Götter" vorhanden war, aber die damaligen Gelehrten es nicht hatten. Somit geben die Tests, die aufzeigen, wie man mit Seilen und Seilwinden alles verschieben kann, uns Freunde der PA recht und nicht den heutigen Schulgelehrten. Denn Seilwinden mit Stahlrädern kannte man damals nicht. Also hört bitte auf mit diesem Unfug.

Moses: 19.18
Und der ganze Berg Sinai rauchte, weil der HERR im Feuer auf ihn herabkam. Und sein Rauch stieg auf wie der Rauch eines Schmelzofens, und der ganze Berg erbebte heftig.

7. Bischof Diego de Landa

Meine Ansichten über die Massenmorde von Bischof Diego de Landa

Vor einigen Jahren konnte man im Netz sämtliche Gräueltaten des Bischof Diego de Landa und zum Beispiel auch vom

Heiligen Kyrill von Alexandrien finden. Da wurden Tausenden von Opfern genannt. Zwischenzeitlich sind diese Gräueltaten verschwunden. Letztes Jahr konnte man im Web entnehmen, dass Diego de Landa gerade mal 150 Maya-Priester hat ermorden lassen. Dieses Jahr sind deren 30 übriggeblieben. Man verleugnet dies sogar. Aber es handelt sich ja um einen Massenmörder, das dürfen wir nicht vergessen.

So habe ich heute, den 8. Januar 2015, eine fundierte Studie über Bischof Diego de Landa gestartet.

Man stelle sich vor: Ein Richter der Inquisition wird von einem Gouverneur des Massenmordes beschuldigt und nach Spanien gesandt, um vor Gericht gestellt zu werden. Das hat es praktisch nur im Falle von Diego de Landa gegeben.

Aber da stellt sich die Frage: **"Was hat Diego de Landa, seines Zeichens Richter der Inquisition, auf Yucatan angestellt, dass der Gouverneur den Mut findet, den spanischen Inquisitor anzuklagen?"** Da muss etwas wirklich Gravierendes geschehen sein. Aber im Netz findet man davon praktisch nichts mehr, denn die brutalen Foltermethoden der Inquisition sind allgemein bekannt und Diego de Landa hat sie ganz bestimmt angewandt. Solche Geschichten wischt die Kirche gerne vom Tisch.

Unter anderem wurden 1562 im inquisitorischen Prozess von Maní auch 150'000 Mayas begnadigt und in ihre Dörfer zurückgeschickt. Aber wenn 150'000 Menschen "aus Milde" begnadigt wurden, dann kann man annehmen, dass jeder 10. hingerichtet wurde.

Das wären dann die 15'000 Maya-Priester, die man unter vorgehaltenen Hand nennt, die von der Inquisition ermordet wurden. Trotzdem bleibt das meine subjektive Annahme.

Machen wir mal eine Hochrechnung

Um das Jahr 1500 hat es ca. 20'000'000 Maya gegeben. Sehr viele sind erst später an den eingeführten Krankheiten der Spanier gestorben. Nun, wenn wir auf 500 Maya einen Maya-Priester annehmen, dann ergibt dies die stolze Zahl von 40'000 Maya-Priester. Aber nach der "Missionierung" durch Diego de Landa waren dann keine mehr da!

Subjektiv betrachtet wird da ein Massenmord an den Maya verleugnet. Aber wer putzt so sauber im Web?

Das Leben dieses Bischofs,
wie es heute im Netz dargestellt wird.

Diego de Landa Calderón stammte aus einer noblen Familie und wurde am 12. November 1524 in der Casa de los Gallos, bei der Villa Condal de Cifuentes, Guadalajara, geboren. Wahrscheinlich absolvierte er seine ersten Schuljahre von 1529 bis 1541.im Kloster der Franziskaner von Cifuentes

Circa ab 1541 bis 1547 ging er ins Münster San Juan de los Reyes, in Toledo, um weiter zu studieren. 1547 wechselte er zum Kloster San Julián und San Antonio de La Cabrera in Madrid.

Im 1548 überzeugte ihn Fray Nicolás de Albalate, nach Yucatan zu gehen. Dort solle er die Maya zum katholischen Glauben missionieren.

Zum ersten Mal in Yucatán (1549-1563)

Im August 1549 landete er in Campeche und ging nach Izamal, wo er die Mission von San Antonio einweihte.

Vom 1549 bis 1552 bereiste er die Halbinsel Yucatán, um die Maya im Dschungel von Yucatan zum katholischen Glauben zu konvertieren. Während dieser Zeit lernte er die Sprache der Maya unter Beihilfe der Grammatik von Fray Luis de Villalpando. In dieser Zeit lernte er die Maya-Sprache so gut, dass er sogar die Grammatik seines Lehrers schlussendlich korrigieren konnte.

Im Jahr 1552 schloss er sein erstes Kapitel im Fransiskanerorden und wurde zum Vorstand des Klosters von San Antonio de Padua in Izamal ernannt.

Die Evangelisierung durch Ordensbrüder, die so notwendig und dringlich schien, verursachte einen Konflikt mit den spanischen Verwaltern. Die spanischen Verwalter waren der Ansicht, dass durch die Konvertierung zum Christentum die Indios die Arbeit vernachlässigten und zur Faulheit bewogen wurden. Zwischen 1552 und 1558 gab es eine Revolte der spanischen Verwalter, vor allem in der Provinz Valladolid, wo sie zweimal das Kloster und die Kirche verbrannten.

In diesem Klima war eine Konfliktintervention der Behörden erforderlich. Alonso Lopez Cerrato, zweiter Präsident der Real Audiencia von Guatemala, als Hörer (?) zu Yucatan, entsandte Tomás López. Diese Feindschaft zwischen den Verwaltern und den Franziskanern wurde erst viel später, nach der Rückkehr von Landa nach seinem Prozess in Spanien beendet.

Oben: Hinterseite des Klosters Izamal, Merida. Das Kloster wurde aus der Bausubstanz einer Maya-Pyramide gebaut.

Am 27. Oktober 1553 nahm Bruder Diego de Landa an den Vereinbarungen von Cabildo de Mérida zwischen den Franziskaner und den spanischen Verwaltern teil, um die Endlöhnungen der Indios zu regeln.

Am 13. November 1556 wurde Landa zum Finanzverwalter der Provinz Yucatan ernannt.

Trotz der vielen Bemühungen der Franziskaner - und wenn es auch schien, dass die Maya den christlichen Glauben annehmen würden - wurden in den verlassenen prähispanischen Tempeln immer noch Rituale abgehalten und Menschenopfer durchgeführt.

Im Jahre 1558 überraschte Landa eine Menge Indios, die ein Ritual in Chichén Itzá abhielten. Er hielt sofort einen Gottesdienst, predigte das Evangelium und warf alle Götzenbilder aus dem heiligen Orte.

Im Jahr 1558 reiste Fray Lorenzo de Bienvenida nach Spanien, um mehr Franziskaner für die Missionen zu rekrutieren. Am 3. April 1559 schrieb Diego de Landa einen Brief an den Rat der Indios und schlug Bruder Lorenzo als Bischof von Yucatan vor.

Am 19. Februar 1560 wurde Diego de Quijada zum Bürgermeister der Provinz Yucatan ernannt. Aus Eigeninteresse war der Bürgermeister eine wichtige Unterstützung für Landa im Kampf gegen die Ketzerei der Indios.

Ein paar Monate später sprachen Bruder Francisco Navarro und Bruder Diego de Landa - als regulärer apostolischer Richter der spanischen Inquisition - mehrere Spanier wegen Gotteslästerung, darunter auch einige Verwalter, für schuldig.

Am 12. November 1560, wurde Landa zum Vorsteher des Klosters Mérida ernannt.

Im August 1561 zeigt Hunacti dem Vorsteher des Klosters Fray Pedro de Ciudad Rodrigo die Leiche eines Kindes mit Anzeichen von Opferritualen. Einige Monate später zeigten mehrere Schüler von Manì Fray Pedro mehrere Ritualknochen. All dies bewog Landa "mehrere" Indios wegen Ketzerei zu verurteilen.

Am 13. September 1561 wird Landa zum kirchlichen Vorsteher von Yucatán. Da ein Bischof seit 1557 fehlte, wurde er zur höchsten kirchlichen Autorität der gesamten Provinz von Yucatan und im gleichen Jahr auch von Guatemala. Im Juni 1562, während einer Jagd, entdeckte der Torwärter des Klosters von Mani, Pedro Che, in einer Höhle, einen noch warmen Hirsch, dessen Herzen herausgerissen worden war.

Es fand auch mehrere Altäre von Götzen und Blutschmierereien. Pedro Che informierte sofort Bruder Pedro (?) über seine Entdeckung und dieser wiederum ging sofort zu Bruder Diego de Landa. Dieser, seinerseits, ging nach Mani um Rücksprache mit Diego de Quijada zu halten.

Diego de Landa wurde immer wieder mit den Ritualen der Indios konfrontiert und griff mit harter Hand, mit seinen inquisitorischen Machtbefugnissen und mit der Hilfe von Diego de Quijada durch.

Diego de Quijada beauftragte den Leutnant Bartolome de Bohorques, um Landa zu helfen und jedem Befehl von Landa zu gehorchen und auszuführen. Was der Mönch verlangte, hatte er zu tun, um seine Urteile gegen die Indios durchzusetzen. Landa befahl Bohorques, unter Androhung der Exkommunikation, das Amt des Sheriffs der ordentlichen Inquisition zu akzeptieren.

Am 11. Juni 1562 befahl Landa dreissig Indianerhäuptlinge zu ergreifen und in den Tagen danach auch den Gouverneur von Mani, Francisco de Montejo Xiu, der Chef der Oxkutzcab, Francisco Pacab, der Chef der Mama, Juan Pech und den Kaziken Tekax, Diego Uz. Diego de Landa griff mit den brutalen Foltermethoden und Hinrichtungen der Inquisition durch.

Am 12. Juli 1562 fand in Mani ein Glaubenstribunal statt, um das, was im vorherigen Jahr geschehen war, zu beurteilen. Als

Vertreter der Religionsbehörde waren Diego de Landa, der das Tribunal der Inquisition führte und als Vertreter der Zivilbehörde war der Bürgermeister Diego de Quijada genannt worden. Die eidesstattlichen Erklärungen wurden von Jerónimo de Contreras und Pedro Martinez unterschrieben.

In dieser Nacht wurden die Häuptlinge geschoren und ca. 5000 Idole, Altäre, Stelen und Gefässe zerstört. Praktisch alle Codices wurden verbrannt. Daraufhin nahmen sich etliche Maya das Leben. Andere Maya wurden hingerichtet. Dieses Vorgehen provozierte den Zorn der Verwalter, weil die Festnahme vieler Indios die Flucht anderer Indios in den Dschungel provoziert hatte, so dass diese keine Arbeit mehr verrichteten. Das hatte aber auch zur Folge, dass die Maya das Vertrauen in die Spanier definitiv verloren hatten.

Am 14. August 1562 kam Bruder Francisco de Toral, der neu ernannte Bischof von Yucatán, in Merida an. Sowohl die Verwalter wie auch der Verteidiger der Indianer, Diego Rodriguez Vivanco, nutzte das, was in Mani geschehen war, um den Bischof zu ihren Gunsten und gegen Landa zu einzunehmen. Im Oktober formalisierten Bischof Toral und der Verteidiger der Indianer Rodriguez Vivanco ihre Anschuldigungen gegen Bruder Diego de Landa und sandten es an König Philipp II. Auf der einen Seite stand Landa mit den Brüdern seines Ordens und dem Bürgermeister Diego de Quijada und auf der anderen Seite Bischof Toral, der Verteidiger der Indianer Rodriguez Vivanco und die Verwalter. Diese zwei Seiten blieben ein Jahrzehnt lang bestehen.

Wegen diesen Anschuldigungen, entschied Landa, sich an den Vizekönig zu wenden und ging nach Campeche. Dorthin, wo auch Toral und Quijada hingegangen waren, traf er Martin Cortés Zúñiga, einziger legitime Sohn von Hernán Cortés, der zwischen beiden Seiten zu vermitteln versuchte. Nach Cortés intervenierte auch Francisco de Montejo der Jüngere, aber auch ihm gelang es nicht, den Streit zu schlichten. Die Vorwürfe erreichten Felipe II und deswegen beschloss er, sein Amt aufzugeben und nach Spanien zu reisen.

Zweiter Teil des Lebens von Diego de Landa ab 1564

Beinahe von barbarischen Piraten gefangen genommen, verbrachte Diego de Landa mehrere Monate krank in Santo Domingo. Spanien erreichte er im Oktober 1564. Die ersten Tagen verbrachte er im Kloster von San Juan de los Reyes. Danach übersiedelte er nach Barcelona, zum Hauptsitz seines Ordens. Mit einem Brief, den man ihm gab, ging er nach Madrid, um sich vor dem König und dem Rat der Indios zu verteidigen.

Am 13. Februar 1565 wurde die Angelegenheit von Bruder Diego an den franziskanischen Vorstand von Kastilien, Bruder Pedro de Bobadilla, weitergeleitet und dieser wiederum wies den Fall an Bruder Francisco de Guzman, um ihn beurteilen zu lassen. Am 2. Mai verfasste der Experte einen Bericht des Ausschusses zu Gunsten von Landa und ein Jahr danach widerruft Bischof Toral seine Vorwürfe, die er gegen Landa erhoben hatte: " ... er erhob sich vom Stuhl und kniete nieder, wie ein guter Mönch äusserte er seine Schuld, dass er Fehler gemacht habe, ... Hat allen um Vergebung gebeten und versprochen, alle zufrieden zu stellen um sein Gewissen zu entladen." Man weiss es heute nicht mehr genau, aber vermutlich zwischen den Jahren 1566 und 1568 schrieb Landa in Cifuentes sein Buch "Relación de las cosas de Yucatán".

Am 11. Februar 1567 schreiben 10 Religiöse einen Brief an Philip II und bitten ihn, Fray Diego de Landa zurück zu schicken, da dieser die Sprache der Maya und deren Kultur ausgezeichnet kenne.

Im Januar 1569 verkündete Fray Antonio de Córdoba, als Vorstand der damaligen Provinz von Kastilien, eine Absolution zugunsten von Fray Diego de Landa und sprach ihn frei. Am 24. Februar 1570 erfahren die Franziskaner von Yucatán, dass Landa freigesprochen worden war, schrieben einen Brief an Philipp II und forderten die Rückkehr von Fray Diego.

Am 20. April 1571 stirbt Francisco Toral, so dass der bischöfliche Stuhl der Provinz Yucatan frei wird.

Ende 1571, als Landa sich in den Klöstern von San Julian und San Antonio aufhielt, erhielt er ein königliches Dekret, in dem er als Bischof von Yucatan vorgeschlagen wird. Am 15. November 1572 wird Landa in Sevilla zum Bischof geweiht und dies wird im Blatt Nueva España vom 28. Juni 1573 publiziert.

Wieder in Yucatan ab 1573 bis zu seinem Tod

Am 11. Oktober 1573 landet Bischof Fray Diego de Landa in Campeche. Bei seiner Ankunft in Mérida muss er feststellen, dass viele Mönche die Sprache der Maya nicht beherrschen. Nach beträchtlichem Ärger führt er wieder die Schulung der indigenen Sprache für alle Missionare ein. Im nachfolgendem Jahr lässt er eine christliche Doktrin für die Mayas drucken und mit Bestimmtheit auch sein Werk "Relación de las cosas de Yucatán".

Am 28. Februar 1578 ernennt Felipe II den Bischof Diego de Landa zum Verteidiger der Indios.

(Anmerkung des Autors: Der Massenmörder und Kulturvernichter der Maya wird zum Verteidiger der Indios ernannt ??)

Am 29. April 1579 stirbt Landa im grossen Kloster von San Francisco (Mérida), wo er auch begraben wurde. Jahre später wurden seine sterblichen Überreste nach Cifuentes (Spanien) überführt und in einer kleinen Nische in der Kapelle von Calderón in der Kirche von El Salvador gelegt.

Im 1937 wurde die Kirche von El Salvador geschändet und die sterblichen Überreste von Diego de Landa verschwanden für immer.

"La Relación de las cosas de Yucatán", das Diego de Landa zwischen dem 1566 und 1568 geschrieben hat, ist ausgezeichnet, um das Leben und die Kultur der Maya zu verstehen. In diesem Buch schreibt Landa über die Entdeckung Mexikos und die Geschichte und Kultur der Maya. Im achtzehnten Jahrhundert verschwanden die letzten Menschen, die in der Lage waren, die komplexen Mayaglyphen zu verstehen.

Im Jahre 1862 entdeckte Charles Étienne Brasseur de Bourbourg eine Kopie des Manuskriptes in der Academia de la Historia, in Madrid und lies es in französischer Sprache übersetzen und publizierte es in London und Paris im 1864.

Quellen:
- Diego de Landa, Relation de choses de Yucatan
- Wikipedia, Bischof Diego de Landa, es.*wikipedia.org/wiki/Diego_de_Landa*
- José Isidoro Saucedo Gonzalez, Del Sometimiento a las Sublevaciones en Yucatan de 1500 a 1600
Proceso de un pueblo, Maní, 1562

8. Die Gottheiten der Maya

Liebe Leser, nachdem ich keine vollständige Liste der Maya-Gottheiten gefunden habe, wage ich den Versuch, eine 90%ige Liste zu erstellen. Noch bin ich nicht fertig. Ich hoffe, in einer späteren Auflage eine verbesserte Liste abgeben zu können. Zu sagen ist aber auch, dass sehr viele Azteken-Gottheiten auch Maya-Gottheiten darstellen. Sehr oft mit einem anderen Namen.

Name	Beschreibung	Kultur	Quelle
Ab Kin Xoc Piz Hui Tec	Gott der Dichtkunst.	Maya	Internet (unsicher)
Acna	Muttergöttin, Mond, Patronin der Geburt.	Maya	Internet (unsicher)
Ah Bolom Tzacab	Gott des Ackerbau und des Regens.	Maya	Internet (unsicher)
Ah Chuy Kak Ah Cun Can	Gott des Krieges, Kriegsgott.	Maya	Internet (unsicher)
Ah Kinchil Ak Kin	Gott der Sonne, Sonnengott.	Maya	Internet (unsicher)
Ah Mucen Cab Ah Muzenkab	Bienengott, Honigsammler, auch Ah Muzencab genannt. Herabstürzender Gott.	Maya	Internet (unsicher)

Ah Puch, Hun Hau, Hun Ahau, Yum Cimil, Cizin Uac, Mitum Ahau	Gott des Todes. Der Maya-Gott HUN AHAU oder auch Uac Mitum Ahau war der Herrscher über MITNAL, das Reich der Toten und NICHT wie oft verwechselt über Xibalba, das in etwa unserem Fegefeuer entspricht. Hunahau ist der finstere Gott des Todes und die Personifikation der Finsternis. Er opferte sich, indem er starb und ins Reich der Toten (Mitnal) hinabstieg, um danach wieder aufzuerstehen. Die Gläubigen brachten ihm Opfer, um ihr Leben zu verlängern. Ah Puch oder Hun Ahau soll das Gegenteil von Itzamná sein.	Maya	Dr. Alberto Ruz Lhuillier benannte ihn: "Cizín" (Kizin); Bischof Diego de Landa benannte ihn "Uac Mitum Ahau"; Eric Thompson „Chac Mitum Ahau". Oft findet man auch die Bezeichnungen "Hun Ahau", "Yum Cimil" (Yum-Kimil) (Herr des Todes) oder auch Ah Puch.
Ahau Chamahez	Gott der Medizin, Heilgott.	Maya	Internet (unsicher)
Ahau Kin	Göttin der Sonne, Sonnengöttin	Maya	Internet (unsicher)
Ahmakig	Göttin der Landwirtschaft und der Bauern. Sie lebt auf dem Gipfel des Tiburonberges und fliegt durch die Nacht. Lehrerin des Tanzes und Gesanges. Sie heilt Schlangenbisse.	Maya	Internet (unsicher)
Ahulane	Gott des Krieges, Kriegsgott.	Maya	Internet (unsicher)
Ajbit	Einer der 13 Götter, die die Menschen erschaffen haben. Schöpfergott.	Maya	Internet (unsicher)
Ajtzak	Einer der 13 Götter, die die Menschen erschaffen haben. Schöpfergott.	Maya	Internet (unsicher)
Akhushtal	Göttin der Geburt.	Maya	Internet (unsicher)
Alahom Naom Tzentel	Göttin des Bewusstseins, Gedankens und Intellekts. Göttin des Denkens und der Intelligenz.	Maya	Internet (unsicher)
Alom	Gott des Himmels und eines der 7 Götter, die die Welt erschaffen haben.	Maya	Internet (unsicher)
Asat	Gott des Lebens.	Maya	Internet (unsicher)
Auilix	Gott der Dämmerung.	Maya	Internet (unsicher)

Bacabs, Bacab	Die 4 Riesen, die in den 4 Himmelsrichtungen die Welt stützen. Canac im Süden, Ix im Osten, Kan im Norden und Mulac im Westen.	Maya	Wikipedia
Backlim Chaam	Gott der Männlichkeit und Sexualität des Mannes.	Maya	Internet (unsicher)
Bolon Dzacab	Gott im Bezug auf die königlichen Linien.	Maya	Internet (unsicher)
Buluc Chaptan	Gott der Blutopfer und des Krieges. Eine böse, brandschatzende Gottheit.	Maya	Internet (unsicher)
Cabracán Cabracá	Erdbebendämon, Zerstörer der Berge, Sohn von Vucub-Caquix. Er wurde von den Brüdern Humapú und Ixbalanqué getötet.	Maya	Wikipedia
Cakulha	Untergebener von Yaluk, Gott der kleineren Blitze, Bruder von Coyopa.	Maya	Internet (unsicher)
Camazotz	Fledermausgott, der mit seinen scharfen Zähnen den Menschen den Kopf abtrennen kann. Er ist der Mörder von Hun-Hunapù. Gott der Unterwelt.	Maya	Wikipedia
Came	Gott A. Herscher von Xibalba. Gegenspieler von Hunahau. Im Ballspiel wurden er und seine Verbündeten von Hunapu und Ixbalanquè besiegt.	Maya	Wikipedia
Canac	Einer der 4 Riesen, die in den 4 Himmelsrichtungen die Welt stützen. Canac im Süden, Ix im Osten, Kan im Norden und Mulac im Westen.	Maya	Wikipedia
Chaac Chac	Gott des Regens, der Blitze, des Donners und des Windes. Gott des Sturmes. Gott der Fruchtbarkeit und des Ackerbaus.	Maya	Wikipedia Chaac
Chac Bolay	Gott der Zwischenwelten.	Maya	Internet (unsicher)
Chac-Xib-Chac	Gott der Opferung und des Tanzes.	Maya	Internet (unsicher)

Chalchiuhtlicue	Wassergöttin, Die neun Herren der Stunden der Nacht, 6. Stunde.	Azteken	Codex: Telleriano-Nemensis, Borbonicus und Bologna, Tonamlamatl Albin. Seler, Beobachtungen ...Palenque, S. 57
Chicomecoatl	Maisgöttin.	Azteken	
Chilan	Gott der Wahrsager und Priester und konnte vermitteln zwischen den Diesseits (MITNAL) und Jenseits (XIBALBA).	Maya	Wikipedia
Chirakan-Ixmucane	Sind die 4 Götter, die die Welt erschufen und sich durch 2 teilten, damit weitere 4 Götter entstehen konnten.	Maya	Internet (unsicher)
Cihuacouatl Ilamatecutli	Göttin des 17. Jahresfestes Tititl, weibliche Schlange.	Azteken	Seler, Beobachtungen ...Palenque, S. 126, Codex Borbonieus 36
Cinteotl	Maisgott, Die neun Herren der Stunden der Nacht, 4. Stunde.	Azteken	Codex: Telleriano-Nemensis, Borbonicus und Bologna Tonamlamatl Albin. Seler, Beobachtungen ...Palenque, S. 57
Cit Bolon Tum	Gott der Medikamente, Medizingott.	Maya	Internet (unsicher)
Cizin Kisin	Gott der Erdbeben und des Todes.	Maya	Internet (unsicher)
Couatlicue	Göttin, die ein Hüfttuch aus Schlangen trägt.	Azteken	Seler, Beobachtungen ...Palenque, S. 126
Coyolxauhqui	Mondgöttin.	Azteken	Internet (unsicher)
Coyopa	Gott des Donners, Bruder von Cakulha.	Maya	Internet (unsicher)
Cumhau	Gott der Unterwelt.	Maya	Internet (unsicher)
Ehecatl	Windgott.	Azteken	Internet (unsicher)
Ek	Der schwarze Gott, Gott der westlichen Weltgegend.	Maya	Internet (unsicher)

Ek Chua Ek Chuah Ekchuah Ek Chuach	Gott des Handels, Gott M. Gott der Kaufleute und der Kakaopflanze. In den Codices wird er oft als Kriegsgott dargestellt.	Maya	Wikipedia
Hacauitz	Gott der Berge.	Maya	Internet (unsicher)
Huehueteotl	Kriegsgott, Sonnengott und ihm zu Ehren wurden Menschen geopfert.	Azteken	Internet (unsicher)
Huitzilopochtli	Schutzgott des Landes.	Azteken	Internet (unsicher)
Hun Ahau, Ah Puch, Hun Hau, Yum Cimil, Cizin Uac, Mitum Ahau	Gott des Todes. Der Maya-Gott HUN AHAU oder auch Uac Mitum Ahau war der Herrscher über MITNAL, das Reich der Toten und NICHT wie oft verwechselt über Xibalba, das in etwa unserem Fegefeuer entspricht. Hunahau ist der finstere Gott des Todes und die Personifikation der Finsternis. Er opferte sich, indem er starb und ins Reich der Toten (Mitnal) hinabstieg, um danach wieder aufzuerstehen. Die Gläubigen brachten ihm Opfer, um ihr Leben zu verlängern. Ah Puch oder Hun Ahau soll das Gegenteil von Itzamná sein.	Maya	Dr. Alberto Ruz Lhuillier benannte ihn: "Cizín" (Kizin); Bischof Diego de Landa benannte ihn "Uac Mitum Ahau"; Eric Thompson „Chac Mitum Ahau". Oft findet man auch die Bezeichnungen "Hun Ahau", "Yum Cimil" (Yum-Kimil) (Herr des Todes) oder auch Ah Puch.
Hun Batz	Ältester Sohn von Hun-Hunapu. Zwilling von Hun Chouen. Wurde von Hunahpú und Xbalanque - zusammen mit seinem Zwillingsbruder - in einem Affen verwandelt. So wurde er zum Beschützer der Artisten und Tänzer.	Maya	Internet (unsicher)
Hun Chouen	Ältester Sohn von Hun-Hunapu. Zwilling von Hun Batz. Wurde von Hunahpú und Xbalanque - zusammen mit seinem Zwillingsbruder - in einem Affen verwandelt. So wurde er zum Beschützer der Artisten und Tänzer.	Maya	Internet (unsicher)

Hun Hau, Ah Puch, Hun Ahau, Yum Cimil, Cizin Uac, Mitum Ahau	Gott des Todes. Der Maya-Gott HUN AHAU oder auch Uac Mitum Ahau war der Herrscher über MITNAL, dem Reich der Toten und NICHT wie oft verwechselt über Xibalba, das in etwa unserem Fegefeuer entspricht. Hunahau ist der finstere Gott des Todes und die Personifikation der Finsternis. Er opferte sich, indem er starb und ins Reich der Toten (Mitnal) hinabstieg, um danach wieder aufzuerstehen. Die Gläubigen brachten ihm Opfer, um ihr Leben zu verlängern. Ah Puch oder Hun Ahau soll das Gegenteil von Itzamná sein.	Maya	Dr. Alberto Ruz Lhuillier benannte ihn: "Cizín" (Kizin); Bischof Diego de Landa benannte ihn "Uac Mitum Ahau"; Eric Thompson „Chac Mitum Ahau". Oft findet man auch die Bezeichnungen "Hun Ahau", "Yum Cimil" (Yum-Kimil) (Herr des Todes) oder auch Ah Puch.
Hun Nal	Gott des Mais.	Maya	Internet (unsicher)
Hunabku Hunab-Ku	Höchste Göttin und Schöpfer des Universums. Gottheit über den Göttern. Hunab-Ku ist die Ur-Energie. Schöpfergottheit des Itzamná.	Maya	Wikipedia
Hunahau Hun Ahau	Gott des Todes und Herrscher über Mitnal. Hunahau stieg in menschlicher Gestalt auf die Erde herab und starb, um sie zu erlösen.	Maya	Wikipedia
Hunahpú	Kämpfte im Ballspiel gegen die Götter. Einer der zwei Helden mit Xbalanque, die die Götter der Unterwelt besiegten. Opferte sich als Heroe und stieg dadurch zum Sonnengott auf. Er ist Sohn Hun-Hunapús und Zwillingsbruder von Ixbalanqué, mit dem er zusammen Vucub-Caquix besiegte, die Menschen erschuf und in Xibalbá den Tod seines Vaters rächte. Nach der Zerstückelung der Geschwister im rituellen Ballspiel erhoben sie sich als Götter zum Himmel.	Maya	Wikipedia

Hun-Hunapu	Gott des Mais, Maisgott und Vater der Zwillinge Hunahpú und Xbalanqué.	Maya	Internet (unsicher)
Huracán	Sternengott, später der Gott des Windes und der Hurrikane, des Sturmes und des Feuers sowie der Fruchtbarkeit und stand für die ungezügelten Kräfte der Natur.	Maya	Wikipedia
Ilamatecutli Ciuacouatl	Göttin des 17. Jahresfestes Tititl, weibliche Schlange.	Azteken	Seler, Beobachtungen ...Palenque, S. 126, Codex Borbonieus 36
Itzamná Itzamnaaj	Gott D. Gründer der Maya-Kultur. Trägt den Titel „Herr des Wissens" und der Wissenschaft. Er brachte seinem Volk Mais und Kakao und lehrte sie das Schreiben, die Heilkunde und den Gebrauch des Kalenders. Als Kulturstifter wurde er zum Staatsgott des Maya-Reiches. Als Sonnen- und Himmelsgott herrscht er über Tag und Nacht. Er ist der Sohn von Hunabku und als Gemahl von Ixchel Vater der Bacabs. Seine Attribute sind die Schlange und die Muschel. Der alte Himmelsgott. Er entspricht in etwa Zeus, in der griechischen Mytologie. Wird oft als Vater empfunden, der zurückgezogen lebt. Er verbindet Himmel, Erde und Unterwelt miteinander.	Maya	Wikipedia Seler, Beobachtungen ...Palenque, S. 61
Itztli	Steinmessergott, Die neun Herren der Stunden der Nacht, 2. Stunde.	Azteken	Codex: Telleriano-Nemensis, Borbonicus und Bologna Tonamlamatl Albin. Seler, Beobachtungen ...Palenque, S. 57
Ix	Einer der 4 Riesen die in den 4 Himmelsrichtungen die Welt stützen. Canac im Süden, Ix im Osten, Kan im Norden und Mulac im Westen.	Maya	Wikipedia

Ix Chebel Yax	Brachte den Maya die Farbmusterwebkunst und war Göttin der Malerei und Bilderschrift.	Maya	Wikipedia
Ix Chel Ixchel	Göttin des Regenbogens. Göttin des Wassers, der Geburt und des Webens. Ehefrau von Itzamná. Sie ähnelt Hera aus der griechischen Mytologie.	Maya	Internet (unsicher)
Ix Ch'up Ix U	Göttin des Mondes.	Maya	Internet (unsicher)
Ixaluoh	Göttin des Webens.	Maya	Internet (unsicher)
Ixbalanqué	Sohn Hun-Hunapús und Zwillingsbruder von Hunapú, mit dem er zusammen Vucub-Caquix besiegte und in Xibalbá den Tod seines Vaters rächte. Nach dem Sieg über die Unterwelt in der Zerstückelung der Geschwister im rituellen Ballspiel verwandelten sich die Helden in Sonne und Mond.	Maya	Wikipedia
Ixchel	Erd- und Mondgöttin der Maya Schutzherrin der Wasser, des Regenbogens und der Schwangeren. Sie erfand die Webkunst. In einigen Überlieferungen scheint sie mit der Fruchtbarkeitsgöttin Ixcanleom identisch zu sein.	Maya	Wikipedia
Ixtab	Schutzgöttin der Selbstmörder, die bei den yukatekischen Mayas direkt ins Paradies gelangen.	Maya	Wikipedia
Jun Junajpu	Maisgott. Ater der göttlichen Zwillinge.	Maya	Internet (unsicher)
Kan	Einer der 4 Riesen die in den 4 Himmelsrichtungen die Welt stützen. Canac im Süden, Ix im Osten, Kan im Norden und Mulac im Westen.	Maya	Wikipedia

Kauil	Gott des Feuer. Gott der okkulten Seele des Menschen und des heiligen Feuers im Innern des Menschen.	Maya	Internet (unsicher)
K'awiil	Gott K. Ein Gott der Abstammung und Herrschaftslegitimation, war auch mit Wetterphänomene assoziiert; als Tojil Hauptgott der Quiché im Popol Vuh; zeigt Wesensverwandtheit mit Huracán und Chaac. Eventuell Gott des Blitzes.	Maya	Wikipedia
Kimi	Todesgott.	Maya	Internet (unsicher)
Kinich Ahau K'inich Ajaw	Die Personifikation der Sonne und in einigen Überlieferungen Vater des Itzamná. Später wird er zu einer Erscheinungsform des letzteren. Sonnengott, wird als junger oder alter Mann dargestellt. Bei seiner Reise durch die Unterwelt wurde er bei Nacht zum Jaguargott.	Maya	Wikipedia
Kinich Kakmó	Sonnengott, wahrscheinlich gleich zu setzen mit Kinich Ahau.	Internet (unsicher)	
Kukulcan Gukumatz	Gott der Schöpfung. Der gefiederte Schlangengott und ist das Äquivalent zum aztekischen Quetzalcoatl.	Maya	Wikipedia, Diego de Landa "Relacion de la cosas de Yucatan"
Mayahuel	Göttin die den Pulque (Schnaps) entdeckte.	Internet (unsicher)	
Mictlautecut li	Todesgott, Herr des Totenreichs, seine Gefährtin war Mictecacihuatl, Die neun Herren der Stunden der Nacht, 5. Stunde.	Azteken	Codex: Telleriano-Nemensis, Borbonicus und Bologna Tonamlamatl Albin Seler, Beobachtungen ...Palenque, S. 57

Mitnal	Das Totenreich, die Hölle der Maya, in das die Seelen böser Menschen nach ihrem Tod eintreten. Hunahau herrscht darüber.	Maya	Wikipedia
Mulac	Einer der 4 Riesen die in den 4 Himmelsrichtungen die Welt stützen. Canac im Süden, Ix im Osten, Kan im Norden und Mulac im Westen.	Maya	Wikipedia
Nacon	Gott des Krieges, Kriegsgott.	Maya	Internet (unsicher)
Pauahtun	Sturm- und Donnergott. Alkoholiker der die Aufgabe hatte das Himmelsgewölbe zu halten. Mit Muschel und Schildplatt in der Hand.	Maya	Internet (unsicher)
Pilzintecutli	Sonnengott, Gott der Fürsten, Die neun Herren der Stunden der Nacht, 3. Stunde.	Azteken	Codex: Telleriano-Nemensis, Borbonicus und Bologna Tonamlamatl Albin Seler, Beobachtungen ...Palenque, S. 57
Quetzalcoatl	Gott der Bildung und des Kalenders, Gott der Kunst und des Handwerkes, sowie Schutzherr des Klerus.	Azteken	
Temazcalteci	Grossmutter der Schwitzbäder, Göttin.	Azteken	Seler, Beobachtungen ...Palenque, S. 127
Tepeyollotl	Gott der Höhlen, das Herz der Berge, Die neun Herren der Stunden der Nacht, 8. Stunde".	Azteken	Codex: Telleriano-Nemensis, Borbonicus und Bologna Tonamlamatl Albin Seler, Beobachtungen ...Palenque, S. 57§
Tepoztecatl	Gott des Cotli (ein Schnaps).	Azteken	Internet (unsicher)

Teteoinnan	Mutter der Götter, „Toci = unsere Grossmutter", ihr zu ehren wurden Menschen geopfert.	Azteken	Internet (unsicher)
Tezcatlipoca	Schöpfergottheit.	Azteken	Internet (unsicher)
Tlaçolteotl	Mond- und Erdgötting, Göttin des Unrates, des Schmutzes und der Sünde, Die neun Herren der Stunden der Nacht, 7. Stunde.	Azteken	Codex: Telleriano-Nemensis, Borbonicus und Bologna, Tonamlamatl bei Albin Seler, Beobachtungen ...Palenque, S. 57
Tlaloc	Regengott, Gewittergott, Die neun Herren der Stunden der Nacht, 9. Stunde.	Azteken	Seler, Beobachtungen ...Palenque, S. 57
Tlaltecutli	Erdgott.	Azteken	Internet (unsicher)
Tohil	Gott des Feuers und des Opfers.	Maya	Internet (unsicher)
Tonatiuh	Sonnengott.	Azteken	Internet (unsicher)
Tzinteotl	Maisgott.	Azteken	Internet (unsicher)
Uac Mitum Ahau, Yum Cimil, Cizin. Ah Puch, Hun Hau, Hun Ahau	Gott des Todes. Der Maya-Gott HUN AHAU oder auch Uac Mitum Ahau war der Herrscher über MITNAL, dem Reich der Toten und NICHT wie oft verwechselt über Xibalba, das in etwa unserem Fegefeuer entspricht. Hunahau ist der finstere Gott des Todes und die Personifikation der Finsternis. Er opferte sich, indem er starb und ins Reich der Toten (Mitnal) hinabstieg, um danach wieder aufzuerstehen. Die Gläubigen brachten ihm Opfer, um ihr Leben zu verlängern. Ah Puch oder Hun Ahau soll das Gegenteil von Itzamná sein.	Maya	Dr. Alberto Ruz Lhuillier benannte ihn: "Cizín" (Kizin); Bischof Diego de Landa benannte ihn "Uac Mitum Ahau"; Eric Thompson "Chac Mitum Ahau". Oft findet man auch die Bezeichnungen "Hun Ahau", "Yum Cimil" (Yum-Kimil) (Herr des Todes) oder auch Ah Puch.

Votan	wurde von den Maya-Göttern beauftragt, zum Gründer der Kultur in Amerika zu werden und gründete die Stadt Palenque. Nach dieser Aufgabe wurde er zum Gott erhoben.	Maya	Wikipedia
Vucub Caquix	Mass sich an zu behaupten, Sonne, Mond und Erde gleichzeitig zu sein und wurde daraufhin von Hunapú und Ixbalanqué getötet. Er ist Vater von Cabracá und Zipacná.	Maya	Wikipedia
Xaman Ek	Gott des Polarsterns. Schutzherr der Kaufleute und Händler.	Maya	Wikipedia
Xbalanqué	Einer der Zwillingsbrüder und Sohn von Hun-Hunapu.	Maya	Internet (unsicher)
Xibalbá	Die Unterwelt, über die Came herrscht. Xibalba entspricht dem christlichen Fegefeuer.	Maya	Wikipedia
Xilonen	Maisgöttin.	Azteken	Internet (unsicher)
Xipe Totec	Frühlingsgott und Schutzherr der Goldschmiede. Auch Yopi genannt. Ihm zu ehren wurden Menschen geopfert.	Azteken	Internet (unsicher)
Xiuhtecutli	Feuergott, Die neun Herren der Stunden der Nacht, 1. Stunde.	Azteken	Codex: Telleriano-Nemensis, Borbonicus und Bologna Tonamlamatl Albin Seler, Beobachtungen ...Palenque, S. 57
Xmucane-Xpiyacoe	Zweifacher Gott.	Azteken	Internet (unsicher)
Xochiquetzal	Blumenschmuckfeder Göttin, Schutzherrin der Liebe.	Azteken	Seler, Beobachtungen ...Palenque, S. 127
Xpiyacoe-Xmucane	Zweifacher Gott.	Azteken	Internet (unsicher)

Yopi	Frühlingsgott und Schutzherr der Goldschmiede. Auch Xipe Totec genannt. Ihm zu ehren wurden Menschen geopfert.	Azteken	Internet (unsicher)
Youaltecutli	Herr der Nacht.	Azteken	Seler, Beobachtungen .. .Palenque, S. 62
Yum Cimil, Cizin Uac, Mitum Ahau, Ah Puch, Hun Hau, Hun Ahau	Gott des Todes. Der Maya-Gott HUN AHAU oder auch Uac Mitum Ahau war der Herrscher über MITNAL, dem Reich der Toten und NICHT wie oft verwechselt über Xibalba, das in etwa unserem Fegefeuer entspricht. Hunahau ist der finstere Gott des Todes und die Personifikation der Finsternis. Er opferte sich, indem er starb und ins Reich der Toten (Mitnal) hinabstieg, um danach wieder aufzuerstehen. Die Gläubigen brachten ihm Opfer, um ihr Leben zu verlängern. Ah Puch oder Hun Ahau soll das Gegenteil von Itzamná sein.	Maya	Dr. Alberto Ruz Lhuillier benannte ihn: "Cizín" (Kizin); Bischof Diego de Landa benannte ihn "Uac Mitum Ahau"; Eric Thompson "Chac Mitum Ahau". Oft findet man auch die Bezeichnungen "Hun Ahau", "Yum Cimil" (Yum-Kimil) (Herr des Todes) oder auch Ah Puch.
Yum Kaax	Gott E. Gott der ungezähmten Natur, ihrer Pflanzen und Tiere und aus diesem Grund auch wichtig für die Maisbauern. Auch Maisgott.	Maya	Wikipedia
Yum Xac	Gott des Mais, Maisgott, oft mit einer Maispflanze auf dem Kopf dargestellt.	Maya	Internet (unsicher)
Zipacná	War - wie sein Bruder Cabracán - ein Erdbebendämon und trug den Titel „Schöpfer der Berge". Er ist Sohn von Vucub-Caquix und trug in der Nacht Berge zusammen.	Maya	Wikipedia

Die Zahlen 1 - 100 der Maya